中华传统文化的活化石：

中 原 庙 会

张进仓 著

世界知识出版社

图书在版编目（CIP）数据

中华传统文化的活化石 ：中原庙会 / 张进仓著. —
北京 ：世界知识出版社，2014.8
ISBN 978-7-5012-4698-4

Ⅰ.①中… Ⅱ.①张… Ⅲ.①庙会—风俗习惯—介绍—
中国 Ⅳ. ①K892.1

中国版本图书馆CIP数据核字(2014)第148796号

中华传统文化的活化石：中原庙会
Zhonghua Chuantong Wenhua de Huohuashi:Zhongyuan Miaohui

作　　者　张进仓　　　　策　　划　世知东方
责任编辑　薛　乾　　　　特邀编辑　杨　静
责任出版　刘　喆
装帧设计　钰铭文化
内文制作　钰铭文化传播有限公司
出版发行　世界知识出版社
地　　址　北京市东城区干面胡同51号　（100010）
网　　址　www.wap1934.com　www.ao1934.org
联系电话　010-65265919　010-65265956
经　　销　新华书店
印　　刷　北京盛源印刷有限公司
开本印张　889毫米×1194毫米　1/16　15.25印张
字　　数　160千字
版次印次　2014年12月第一版　2014年12月第一次印刷
标准书号　ISBN 978-7-5012-4698-4
定　　价　168.00元

祭祀——

是人类思想之源；

是人类文明之源；

是人类文化之源；

……

因为它体现了人类从有意识开始，即产生了愿望、追求、憧憬和梦想；

因为它反映了人类思想的萌芽；

因为它开启了人类文明的长河；

因为它推进了人类文化的形成和发展；

……

庙会因祭祀而起源，庙会记述了人类历史发展、文明进步、文化形成、社会兴衰的轨迹；

庙会从远古祭祀走来，一路不断扩容、改造、升级、发展，传承了中华民族的文化血脉。

中原地区，是中华民族的主要发祥地，是中华民族的文明之根、文化之根。

那么，记述中原庙会、表现中原庙会、研究中原庙会、宣传中原庙会，即显得至关重要！

中原庙会——中华传统文化的活化石。

这是一部庙会文化专著，

更是一部社会学专著。

亿万年来，庙会随着祭祀的起步、传承和发展，而派生了很多文化现象，最终形成了中华民族独特的庙会文化，自然也是中华民族文化体系的一种根文化。中原地区，是中华民族的文明之根、文化之根。因此，中原庙会在庙会文化中就最具代表性。

中原庙会：

记述的是一个社会的缩影；

反映的是社会现象的一个组成部分；

展现的是中华文明在社会学领域的一项成果；

揭示的是人类从有意识开始而萌生的由祭祀形式实现愿望、追求、憧憬和梦想的一种文化现象；

总结的是一种积极、健康的文化形式；

弘扬的是一种在中华文明长河中一以贯之、一脉相承，带有根文化意义的成就；

倡导的是传承、改造、发展、弘扬这种根文化的历史意义和现实价值！

它曾为，并一直为中华文明的形成、传承、发展和弘扬起着不可磨灭的贡献！

它具有特殊的、巨大的、可贵的，并带有根文化意义的文化价值！

当然，其中根和脉的主线祭祀，时下已属封建迷信，对此及算命、赌博、卖当等一些不良现象，我们应在批判的基础上，辩证地、理性地、公正地、历史地、客观地予以评价和批评。

张进仓，剧作家、摄影家、理论家。河南省社会发展十大新闻人物、国家一级摄影师、国家二级编剧、中国戏剧家协会会员、中国摄影家协会会员、中国艺术摄影学会理事、郑州市摄影家协会副主席。

先后出版《非典记忆》、《神画——元阳梯田心之吟》、《中华传统文化的活化石：中原庙会》、《盐道墨韵》、《盐道诗韵》等专著11部。先后创作大型戏剧剧本5部，其中，大型现代戏曲《山魂》于1995年由河南省京剧团公演；大型现代戏曲《嵩山情》于1992年由新密市豫剧团公演；大型新编神话戏曲《猪八戒接媳妇》于1990年在《河南戏剧》第5期发表；大型现代戏曲《太行红旗》于1991年在《河南戏剧》第4期、第5期合刊发表；2014年春新创作的大型新编神话戏曲《天道悲情》拟定由某省级剧团排演。先后发表论文68篇，其中《戏曲危机的核心是人才危机》《做官之道在做人》《一统管理是确保盐业政治和社会使命落实的根本保证》《发掘民间雕塑艺术　弘扬中华雕塑文化》《“讲话”精神是确保我国新时期文艺繁荣发展的根本保证》分别在《决策》《高管专供》等国家级公开和内部刊物发表，并获得国家级一等奖。之外，还先后发表新闻作品4231篇、文学作品269部（篇）、摄影作品1260余幅。

先后被中国艺术摄影学会评为中国优秀摄影家、中国优秀摄影家“十杰”，被中国摄影家协会评为抗击SARS优秀摄影工作者、2003年度“德艺双馨优秀会员”，被世界文化名人成就金像奖评委会等机构授予金像奖等多项荣誉。事迹被《世界名人录》等50余部书、典收入。

目　录

序

河南地处中原，历史文化积淀厚重，是中华民族传统文化的发祥地之一。作为一个文化大省，河南也孕育了淳朴而丰富的民风民俗，庙会就是其中的代表。

早期的庙会是一种与宗教文化有关的祭祀活动，随着经济的发展和人们交流的需要，逐渐融入了集市交易和文化娱乐等活动，成为人与人之间信息与感情交流、商品交易的重要场所。“酒坊饮客朝成市，佛庙村伶夜作场”就是传统庙会的真实写照。可以说，庙会体现了中国人的一种生活方式，传承着中国人的民俗文化。

作者聚焦河南庙会，他的作品反映出当地的传统、文化、习俗，他的镜头记录了这里形形色色的男人、女人、老人、儿童……这些内容本身就是社会万象的荟萃和汇集，可以说，作者具有独到而敏锐的艺术眼光和娴熟的摄影技术。

作为一种传统文化习俗，庙会在中国现代化与城镇化建设的过程中，正逐渐衰落与消失。作者坚持这一题材长达16年，拍摄了三万余幅照片，搜集了数十万字的资料，实属不易。

作者在不大的视角中做着深入的探索，该画册有着重要的史料价值，其出版发行对于社会学和历史学的研究有着积极的意义。

李前光

中国文学艺术界联合会党组成员、副主席（原中国摄影家协会副主席、秘书长）。

◯天下第一庙会——淮阳太昊陵庙会一角

前言

30余年的业余摄影生涯，有一种感觉越来越深，即摄影的纪实性决定了它在承载历史、社会、文化、人生等方面所具有的重要作用。

自20世纪末期开始，我即把焦点锁定在中原地区大大小小的各种庙会上。

之所以选择中原庙会这一题材，当时的思考有八：一是庙会承载性强。它承载了中华民族从愿望、追求、憧憬和梦想的萌生，到思想的形成、文明的开启、文化的发展、经济的繁荣、社会的进步、民族的兴衰的厚重历史。二是包罗量大。它跨越历史长河，包罗了历史发展中中华民族政治、经济、社会、文化、宗教、民风、民俗的方方面面，实际上是一个社会的缩影，研究意义大。三是中原庙会具有较强的代表性。中原地区，是中华文明的重要发源地，黄河情千古不绝，河洛功万古颂唱，溱、洧（溱水、洧水，两条发源并贯穿河南境内的历史名河。）恩凝憾中华。盘古、女娲、伏羲、黄帝、大禹等先祖的传说和遗迹集中广布于此，夏、商、周、东汉、曹魏、隋、唐、五代各国、北宋都建都于斯。这里的河洛地区是华夏民族的精神故乡，被史家称作最早的中国。而这里溱、洧二水环抱的新密市（原密县），更是处于“河洛文明”这个发祥地之腹心地带，故有文物考古专家学者“一千年历史看北京、三千年历史看陕西、五千年历史看新密”之说。厚重的文化底蕴加上四方文化的入注，为这里增添了几多神秘，几多凝重。与其他地方相比，中原庙会更具丰富的内涵和代表性，它是中华传统文化的活化石。四是文化意义大。历史上，中原人民经历的灾荒、战乱太多太多，灾难给予中原人民的不仅仅是痛苦与艰辛，更多的是奋进与抗争，在奋进与抗争中，中原人民创造了更多的物质财富，更多的精神寄托，更多的文化元素，中原庙会即将这一切包容无余。五是它趣味性强。庙会既是一个时代政治、经济、社会、文化发展的缩影，又是一个地区民风、民情及人们行为方式的集中展现，具有较强的时代特征和浓郁的地方特色，其中还涵盖了民间的各种元素。这一跨越数千年而不衰的民间活动，为历代人们喜闻乐见，故而它具有强烈的趣味性。六是它的文化主体具有较强的积极意义。庙会，庙会，因庙而会，起源时，人们都因在特定的时间到当地的庙、寺祭祀圣灵而汇聚，久而成会。因此，庙会的文化主体是祭祀人们心中的圣贤及儒、道、佛圣灵，其目的是抱着虔诚之心，祈求圣灵保佑国家富强、繁荣昌盛、国泰民安、天下太平；保佑黎民

百姓安泰吉祥、风调雨顺、五谷丰登、邻里和睦；保佑本家人丁兴旺、家业发达、幸福美满、平安无灾；保佑自身早结良缘、早生贵子、生意兴隆、财源广进、事业顺畅、步步高升、身体健康、寿比南山……其本质善良无邪，其目的崇尚美好。因此，它本身具有较强的积极意义。七是可以加深人们对儒教、道教、佛教的了解。说到底，儒教、道教、佛教其教义最终都是以在对广大信众的教化中实现其目的和价值的。而庙会，正是儒教、道教、佛教与广大信众直接集中沟通、交流的平台，通过各地不同的庙会上众多信众与儒教、道教、佛教直接沟通、交流的不同形式和方法，可以加深人们对儒教、道教、佛教的了解，尤其是在教化广大信众方面所起的特殊作用的内在奥妙及意义的认识。八是有助于推进庙会文化的发展。通过这一专题的研究、拍摄、总结和宣传，有助于人们对这一特殊民间文化的了解和有关部门的重视。从而辩证地、理性地、公正地、历史地、客观地予以评价，来推进这一带有根文化意义的民间传统文化的改造升级、传承发展，而更加有力地为我们的政治、经济、文化的发展服务。

初拍中原庙会，更多的是好奇。工作之余，工作之便，我背上心爱的相机，从冰雪封野的严冬，到炙热烤心的酷暑，从豫西到豫东，从豫北到豫南，涉足了城市和乡村的大量庙会。

随着时间的推移，随着对中原庙会认知度的加深，我开始学会用心去感受中原庙会的厚重与博大。真正从盲拍步入研究层面，应是从2002年8月17日《中国摄影报》第8版发表我的《中原庙会》专版之后。

从1999年开始涉足中原庙会的拍摄、研究，长达16年来，虽然饱受了踏冰探雪负重远行之难，饱尝了汗洗衣、肤之苦，体味了借宿古庙、斋饭充饥的“乐趣”，羞遇了携礼物充客人踏访庙会所在地群众的尴尬……但，中原庙会这一课题的强大吸引力、影响力、推动力却时时地深深感染着我，打动着我，震撼着我。我为之激动，为之感奋。现在回首对这一课题的拍摄、研究历程，虽有许许多多的苦涩和辛酸，但细细盘点，累计行程长达两万余公里的路没有白走，大大小小三百多个庙会没有白跑，拍摄的三万幅照片，搜集的数十万字资料，足以使我心安和兴奋。品味起来，我觉得还是值得的，有意义的！

《中华传统文化的活化石：中原庙会》一书的问世，是对我16年来心血和汗水的慰藉，更是对我16年来苦苦追求的愿望之总结。愿这部书能为社会、为大众发挥些许作用。

2014年4月30日凌晨5点10分

概论

祭祀——
是人类思想之源；
是人类文明之源；
是人类文化之源；
……

同样，也是中华民族的庙会之源。

庙会因祭祀而起源，因娱神而活跃，因活跃而诱人，因诱人而商入，因商入而扩容，因扩容而众注，因众注而多元，因多元而必要……

对于中华民族来说，庙会承载了中华民族思想形成、文明开启、文化发展、经济繁荣、社会进步的厚重历史。

因为这一切都源于我们的祖先从有意识开始，而萌生的以不同的祭祀方式实现愿望、追求、憧憬和梦想的行为。正是这个始因，而开启了、推动了、形成了、创造了我们现在的一切……

◯天下第一庙会——淮阳太昊陵庙会一角

◯华北地区第一庙会——浚县庙会一角

自原始社会起，万千年来，人们从有意识开始，在经历了许许多多自然灾害，受到不计其数的打击之后，就因不相信自己的力量而萌生了愿望、追求、憧憬和梦想，进而升华为信仰，祈求依靠天、地、物等一切当时人们认为有灵性的对象的力量予以护佑，得以生存、发展。久而久之，人们便把天、地、山、石、洞、树、河流、湖泊等等物体作为有灵性的神予以敬奉，寄托期望，而形成了自然崇拜。在定期不定期的祭祀活动中，大家除了顶礼膜拜外，还点燃篝火，敲打棍棒，碰击石器起舞吼吟，或作为仪式，或用于娱神，日渐丰富，日渐扩容，日渐热

◎二〇一四年农历正月初三平顶山尧山福全寺庙会一角

闹。到了黄帝时代，又发展了一种跳傩戏的祭祀形式，表演者分别扮演不同的对象，在众多人员的器乐、仪仗、图腾、旗幡配合下翩翩起舞。同时还有一些拟兽表演，其仪式主要用于驱鬼逐疫，或禳灾求福，一直传承到现在，如今在不少庙会上仍保留着这种宗教祭祀形式。正是这些原始的简单祭祀形式，开启了庙会的原始雏形。

从理论上讲，当时的这种活动只能谓祭祀，而不能叫庙会，但它是庙会的起源。之后，随着社会的发展，人类文明程度的提高，对这些寄托期望的对象逐渐具体化、清晰化，于是又将敬奉的对象或塑像，或牌位安置在屋内或者洞中进行供奉，这种屋、洞便是原始庙的雏形，之后经不断完善、发展、提高便形成了真正意义上的庙，久之，人们便把这种在这里相聚会面进行祭祀的活动称之为庙会。

之外，关于庙会一说尚有另一种解释，在上古时期，“庙”是帝王、贵族祭祀祖先的场所，通称为“宗庙”。据说始于轩辕黄帝。庙祭是极为严肃的事情，平民百姓是不能参与的。那时的“会”也并非百姓们的聚会，指的是天子与诸侯或诸侯之间定期和不定期的会见，同样是重要的政治活动。如果在庙里进行这种活动，便被称为“庙会”，与后来的庙会有着不同的含义。但这种祭祀祖先的活动，也慢慢传播开来，慢慢在民间也形成了建宗庙、祭祖先的民俗，这一“庙会”形式也为之后形成的庙会增加了内容。

应该说这两种庙会之间有着密切的渊源关系，都为后来形成的以祭祀为目的的多形式庙会起到了启蒙作用。同时，两者的古老舞乐祭祀仪式，对于后来以祭神、娱神、娱人为主的庙会也有着深刻的影响。

成型庙会的演变发端于宗教活动的兴起。东汉时期，佛教开始进入中国，此时道教也逐渐形成，到唐宋时期都达到了昌盛，出现了规模庞大、名目繁多的宗教活动，宗教仪式中大量增加了舞蹈、戏剧等娱乐活动。与此同时，原始民间信仰和贵族信仰也在发展，四者互相渗透。后来，庙会便以在固定的敬奉各种神灵的庙里和敬奉各种仙灵的寺内或其附近举行。其日期和举行时间的长短也以庙和寺的节日或规定的日期区别而定。于是，即形成了至今统一概念、统一目的、统一形式、统一内容的庙会。

黄河情千古不绝，河洛功万古颂唱，溱、洧（两条发源并贯穿河南境内的历史名河）恩凝憾中华。据考古发掘、地质考察和古典籍记载，黄河流域早在八千年前，气候宜人、地貌环境优良、植被种类繁多、水系充沛，是原始人类最宜栖息、生活、生存、繁衍、发展的地区之一。因而，智慧的祖先

◯农历三月十五日禹州市与新密市交界的九里山庙会一角

当然地就首先选择了这里。他们在这里繁衍、生息、劳作、创造、发展，于是就先行在这里创造了华夏文明。华夏文明实际是“中原文明”。从目前的考古发掘看，它的发祥地在中岳嵩山的周围，郑州、洛阳之间，包含溱、洧、河济、伊洛、汝颖这几条古代重要的河流所形成的处于中原腹心地带的古代进入文明较早的区域，是华夏民族的精神故乡，被史家称作最早的中国。而这里溱、洧二水环抱的新密市（原密县）更是“河洛文明”这个发祥地之腹心地带。新密的古文明资源丰厚，民间传说和史料文字记载相印证，地上文物与地下考古也非常支持华夏文明起源在新密，多个时期的文化脉络比较完整和连续，从这里洧水北岸的莪沟裴李岗文化遗存（距今约8000多年）说明，该地区最早进入农耕文明，到仰韶文化、龙山文化、夏启文化春秋早期的郑文化等，这些都是以溱、洧流域为中心衍生并发展起来的，这些文化遗址为中华民族的古代历史文化提供了重量级的佐证。很早以前文物考古专家学者就对这里做出了“一千年历史看北京，三千年历史看陕西，五千年历史看新密”的定论。中原地区不仅是众人公认的中华文明的重要发源地、中华文明由这里起步的起航地。同时，也理所应当地是中国庙会文化的萌生地、创始地之一。我之所以研究、拍摄中原庙会，也正是因由于此。

就全国的庙会地位来看，中原庙会当为之首也毋庸置疑。从庙会文化上看，中国庙会文化丰富多彩，无论祖国的东、南、西、北，无论全国哪个民族，其举行庙会的目的、形式多大致相同，只是具体方式、内容各有特色，有增有减而已。但从庙会文化上看，其地位之最仍为中原地区。理由是，除了前面叙述的中原地区是中华文明的重要发祥地之一外，从这一地区灵井旧石器时代遗址发掘出土的10万——8万年前的圆雕灵鸟，到舞阳贾湖遗址出土的重写我国音乐史的骨笛等，都可以说明这一点。之外，中原地区关于中华民族起始大神的遗存及传说也较其他地区多得多。这里有众多盘古、女娲、伏羲、神农、炎帝、黄帝、仓颉、阏伯、帝喾、颛顼、尧、舜、大禹等反映中华民族起始大神的遗存和传说，围绕着这些创始大神，中原地区就最集中地广布着因这些创始神的遗址、传说而兴起的庙会，这是全国其他地区在数量及全面性和规模上都无法相提并论的。

从内容上看，中原地区的庙会内容最多，仅娱神一项，除戏剧、曲艺、音乐、舞狮、舞龙、竹马、旱船、二鬼抬轿、扭秧歌、鼓舞、杂记、皮影戏、木偶戏、杂耍等外，还有全国起始最早的行像活动，这一活

◯农历二月十五日至十七日鹿邑老君台庙会一角

◯图为农历三月十八日内黄县三杨庄颛顼、帝喾二帝陵庙会一角

动起始于北魏时期的洛阳，自北魏孝文帝太和九年（公元485年）迁都洛阳后，即在每年释迦牟尼诞日举行佛像出行大会，佛像出行前一日，洛阳城各寺都要将佛像送至景明寺以备第二天举行出巡大典。多时，佛像集中达千尊以上。出行时的队伍中以避邪的狮子为前导，各寺佛像依次排列在宝盖幡幢等拥护下随后而行，并有音乐、百戏、诸般杂耍融入其间，其形式、热闹程度及盛况均当为其时全国之最。唐宋以后的庙会迎神、出巡、送圣等大型佛教活动大都是这一时期行像活动的沿袭、派生和发展，并逐渐推广到全国其他地方。

从规模上看，中原地区拥有的大型庙会最多、最集中。如驻马店市泌阳县与南阳市桐柏县交界的盘古山盘古庙庙会、淮阳太昊伏羲陵庙会、浚县碧霞宫庙会、西华县女娲坟及女娲庙庙会、登封中岳庙庙会、商丘阏伯台庙会、开封禹王台庙会、沁阳的神农山庙会，洛阳的白马寺庙会、关林庙会和龙门石窟会、郑州城隍庙庙会和文庙庙会、鹿邑太清宫和老君台庙会、济源王屋山庙会、信阳灵隐寺庙会、汝南小南海庙会、罗山灵山寺庙会、新密市超化寺庙会、药庙庙会和天爷洞庙会等。

从会期及参与人数上看，三天、五天、七天、半月、一个月不等，每天均在万人至数十万人之上。其中，淮阳太昊陵庙会和浚县庙会最为隆重，会期均为一个月，每天参会人数都在二十万人以上。特别是淮阳太昊陵庙会参与人数更多，在每年的农历二月二至三月初三一个月的会期中，每天参会人数少则二十多万人，多则达到四十余万人，波及河南、河北、山东、安徽、浙江、湖北、山西等十多个省份，素有“天下第一会”、“中华第一会”之称。

庙会又称“庙市”或“节场”。这些名称，可以说正是庙会形成过程中所留下的历史轨迹。作为一种社会风俗的形成，有其深刻的社会原因和历史原因。

庙会的起源在于信仰，在漫长的远古社会，原始信仰的崇神和庙会是一体的。一直到商周时期，庙会都是一种不自觉的活动。

汉代以后，庙会向多元化转变。汉代庙会的总体性质因为佛教文化的传入而发生了变化。从此，佛教文化如滔滔洪水般涌向中原大地。伴随着佛教教义的传播，佛寺星罗棋布，分部于中原地区的名山、巨邑、小镇。许多著名的寺院如洛阳白马寺、开封相国寺、新密超化寺、登封少林寺、临汝风穴寺、镇平菩提寺和石佛寺以及瓦宫寺、信阳灵隐寺、光山静居寺、安阳高阁寺、济源盘古寺、辉县白云寺、汝南小南海、永城崇法寺、许昌文明寺、项城高丘寺等，如雨后春笋，林立中原，并留下了许多神奇的传说。于是，崇佛庙会应运而生，林林总总。中原

○二○○九年农历三月初三泌阳县盘古山庙会一角

地区广大庙会群中，佛与道或分庭抗礼，或相互渗透，使庙会文化更加丰富。

唐宋时代的经济高度发展，中原地区居于全国的领先地位，保持着中心位置。道教文化经过帝王们的倡导更迅速地繁盛起来。道教文化是强大的本土文化，庙、台、祠、宫、观、洞、庵等道教建筑在中原地区的分布十分密集。如桐柏山盘古庙、濮阳二帝陵和瑕庙、登封中岳庙、开封禹王台、洛阳关林庙、桐柏淮渎庙、济源济渎庙、汤阴文王庙、洛阳周公庙、郑州城隍庙、淮阳人祖庙、西华女娲庙、商丘阏伯台、鹿邑太清宫和老君台、浚县碧霞宫，济源王屋山奉仙观和阳台宫，新密市天爷洞、白龙庙、天仙庙和药庙等等，和各地的龙王庙、天爷庙、祖师庙、娘娘庙、火神庙、土地庙、城隍庙、药王庙、关爷庙、山神庙、河神庙、禹王庙、圣母庙、二郎神庙、泰山庙、虫王庙等，数不胜数，几乎遍及各个镇、乡的各个村落。这些庙宇为日后庙会的发展奠定了广泛的基础。

与此同时，儒教文化也蓬勃发展，在中原地区涌现出一大批儒教文化场所，如郑州文庙、内乡文庙、淮阳文庙等等，这些儒教文化场所也都相继推出了系列庙会文化活动，也为整个中原地区的庙会文化增加了许多色彩。

尤其是北宋时期，中原地区一度出现了经济的大繁荣和文化大繁荣，以东京开封为中心的城镇经济迅速发展，促进了庙会的极大发展。当时无论从规模上，还是数量上都十分可观，具有广泛的群众参与性和娱乐性。

明代是中原广大地区庙会群兴盛的重要转折时期。随着明王朝对神权的高度重视和极致利用，庙会活动得到强力推进，加上经济飞速发展，使得洛阳、黎阳（浚县）、陈州（淮阳）等规模较大的城镇大兴土木，建造庙宇成为可能。明代手工业的繁荣，刺激了生产力的发展，也促进了经济和文化的发展，出现了资本主义的萌芽，庙会在这种背景条件下比以往任何时期都繁密和昌盛。

明代庙会有一个重要的特点，就是“行会”或者称为“会馆”、“会所”的大量兴起，使庙会更加秩序化。当时，中原地区出现许多“山陕会馆”，他们敬祀关羽，立祠建庙，特别是建造戏楼等祭祀场所，使庙会的影响和作用进一步扩大化。

清代庙会无论从基本内容，还是世俗性质，以及宗教性质上都与明代区别不大。在清代数百年的发展历程中，其前期经济昌盛、文化繁荣、社会稳定，使庙会较明代也有长足发展，尤其在庙会的祭礼仪式方面，其成分及程序更为复杂和隆重。这一时期，清王朝统治者，特别是中下层统治者对庙会

○一九九九年农历二月二十八日新密市超化镇草庙村庙会一角

◎二〇〇三年农历三月初三洛宁渔头沙庙会一角

高度关注，他们通过倡导和利用，有效地影响了广大群众的精神世界，成为广大民众精神生活的重要内容。从而强力推进了庙会文化的发展。

明清以后，庙会的特点是商业活动的强力介入和文化、游乐活动的大力发展，以至于其主题发生了大的变化。明末《帝京景物略》一书中对参与庙会的各色人员做过一番统计，其结果是：到庙会看热闹、游玩的人占60%；买东西的人占30%；谒庙烧香拜神者占10%。这时的庙会是集宗教、商贸、游乐于一体的民间聚会。这种定期的聚会成为人们经济生活、精神生活、文化生活中的一项重要组成部分。

民国时期是一个特殊的历史时期，在这个特殊的社会历史背景下，中原庙会文化较晚清时期没有太大变化。一是社会生产、生活方式这一基本的农耕局面直接支配着中原地区民间庙会的发展变化，我国民间庙会的类型及其存在状况受农耕社会的各种需要来决定；二是包括军阀混战和民族战争以及各种战争及自然灾害的危害，也直接影响和限制了中原地区民间庙会的发展；三是科学、民主思想勃兴的新文化潮流也直接冲击了民间庙会文化，在这一历史时期，新文化潮流虽在民间庙会上有所反映和体现，但终难以抵抗和改造万千年来形成的传统民间庙会文化而形成社会文化发展的主流。

建国之后，随着社会制度和社会格局的根本变革，中原地区民间庙会这一传统文化形式也得到了一定程度的改造，随着我国农村合作社的广泛建立，物资交流大会从很大程度上取代了传统的民间庙会，但民间庙会上的一些民间信仰成分仍不同程度地有所残留。

“文化大革命”初期，破四旧的洪流一举冲洗了传统的民间庙会，但以各地党政部门出面组织的纯经济目的的物资交流大会却得到更加广泛、强力、大规模的发展。一时间，也和全国其它地区一样，在中原大地刮起了一股强劲的赶大集热潮，波及各个县、乡、村。取代了过去的传统民间庙会，并有布局更加广泛、组织更加得力、规模更加盛大、管理更加规范的量与质的变化和发展。

改革开放之后，中原地区传统民间庙会开始恢复和发展，在恢复和发展传统民间庙会的同时，各地地方党政部门为了推进改革开放、经济发展和旅游事业，也加强了对传统民间庙会的重视和利用。他们在保留、继承、发展传统民间庙会文化的同时，也加强了对传统民间庙会的组织和发展。在其规模和内容上都有大幅度地提高和扩充。他们借民间传统庙会搭台，大唱经贸、文化、旅游发展戏，均收到良好的效果。

近年以来，随着我国农村经济体制的改革，过去长期盛行的各种大型群众集会已不便组织，各地地方党政部门也都把宣传党的方针政策的形式转移到传统民间庙会上，或在庙会上用高音喇叭宣读、宣讲上级文件和党的方针政策，或制作各类引人注目的条幅和版面进行宣传，或在庙会现场设置宣传台进行现场宣传、解答，或印成宣传材料在庙会上发放，或利用民间文艺演出活动进行宣传，均收到良好的效果，越来越被各地党政部门所重视。因而，目前的民间传统庙会较以往任何一个时代组织的都更为得力，内容都更丰富，作用都更大。

对于庙会的基本特征，我觉得应为以下几点：

一是突出了一个“民”字。它起源于民间，发展于民间，运用于民间，服务于民间，造福于民间。我们的先民创造了它，发展了它，传承了它，后经历朝历代的人民群众不断完善、不断丰富、不断发展、不断提高，形成了中华民族民间特有的一种传统文化形式，而且一脉传承，直到今天，成为享誉海内外的一项特殊文化。是典型的民众文化，草根文化。因而至今人们还都习惯地统称它为民间庙会。

二是突出了一个“祭”字。庙会因祭祀而起源，因祭祀为由头，以祭祀为核心。

◎一九九九年农历十月初十登封中岳庙会一角

◎二〇〇九年农历三月初三盘古山庙会一角

因此，祭祀是庙会的主体，是庙会之魂。在中原地区至今几乎找不到一个不以祭祀为由头起会的民间庙会。在实际意义上，没有祭祀的庙会不能称之为庙会，至少是名不符实的、不完整的庙会。

三是突出了一个“域”字。在中原大地上，虽庙会无处不有，但在庙会群的形成上，有其典型的区域性。中原庙会群大致可分为五大片：即豫西地区以登封中岳庙庙会、洛阳白马寺庙会为中心的豫西庙会群；豫北地区以内黄县三杨庄二帝陵庙会和濮阳市古瑕丘庙会为中心的太行山庙会群；豫东地区以淮阳太昊陵庙会和商丘火神台庙会为中心的平原庙会群；豫南地区以桐柏山盘古庙庙会和西华女娲庙庙会为中心的豫南庙会群；豫中地区以开封禹王台庙会、万寿山庙会、翰园庙会和以新密、新郑民间众多的黄帝文化遗址庙会及郑州城隍庙庙会为中心的庙会群。这些区域性庙会群代表着各地典型的特定文化意义和信仰对象。

四是突出了一个“季”字。庙会纯属民间性，因此围绕祭祀，在对庙会举行的时间上，也重点注意并结合了为农民、农时、农业服务的问题。春季农闲，又值春耕之前，这时结合春节、元宵节，中原各地都集中举办庙会，一为农民出游、散心服务；二为春耕备耕服务。初夏正值中原地区夏收夏种的准备期，各地也都集中借祭祀当地神灵而办

◯二○一四年农历正月十五日浚县庙会一角

起一些小麦会、麦黄会等，以为双夏工作服务。当然，初秋为秋收秋种服务，秋后和冬季为变卖丰收果实、山产、骡马牛羊等家畜服务等，也都成为中原地区民间庙会的规律。

五是突出了一个“办”字。凡民间庙会都由各地会首和“社”团具体组织操办，从祭祀到娱神，从贸易到杂耍，从游乐到吃喝等，无论在形式上、规模上、内容上、参会种类区域划分上，一切都由会首组织或“社”团具体指挥部署和实施。当然，目前的庙会多由各地的地方政府直接出面组织，或个别委托会首、“社”团组织出面操办。已对过去的组织形式全面进行了取缔和改造。

六是突出了一个“众”字。凡民间传统庙会，无一不在本地区形成广泛的影响，在庙会举办期间，各地庙会举办地的男女老少无不把当地举办庙会当成一个阶段的大喜事来看待。因此，庙会举办日或举办期间，当地及方圆三里、五里，甚至十里、几十里的群众无不穿上节日的盛装到庙会举办地赶会。在民间，没有任何活动和组织形式能比民间庙会更有吸引力，参与民众的数量及广度更多更大，同时更加积极踊跃。

从庙会的种类上看，据高有鹏先生所著的《庙会与中国文化》一书的第四章“庙会文化的基本类型”部分介绍，从祭祀性质上可划分为“原始神庙会、宗教神庙会、世俗神庙会”三大类。在原始神庙会方面，目前在庙会上仍然享受着香火的神大致有传说中开天辟地的大神——盘古；传说中创造人类、补救苍天、制造乐器的大神——女娲；传说中开创渔猎时代、发现天地万物变化而总结出八卦符号的文化大神——伏羲；传说中农耕的开创者、尝百草、辨五谷的先帝——炎帝；传说中中华民族的重要开创者、统一天下、划分天下为九州、率领其政治集团成为国家各种制度、礼仪、文化的重要发明者——黄帝；传说中黄帝的大臣、汉字的创造者——仓颉；传说中的火神、火星、火王——阏伯；传说中绝地天通、重新规定神系与人类相分秩序、我国最早的宗教改革者、黄帝的后裔——帝喾、颛顼；传说中开创政治禅让先河、成为我国古代孝的代表的贤君——尧、舜；疏导江河、平除水怪的治水英雄神——大禹等。

在宗教神庙会方面，大致可划分为“崇佛庙会”和“崇老（道）庙会”两大类。敬奉的对象多为释迦牟尼、观世音菩萨、玉皇大帝、王母娘娘、太上老君等。

在世俗神庙会方面，大致可分为七大类：一是自然神庙会。自然神庙会敬奉的对象主要有山神、水神、海神、土地神、社稷

〇二〇〇九年农历三月初三沁阳县盘古山庙会一角

神、石头神、雷神、风神、雨神、雹神、火神和城隍等神灵的庙会；二是植物神庙会。敬奉的对象主要有称银杏为神的白果爷、称杏树为神的杏王爷、称榆树为母的榆母、称槐树为大仙的槐仙，以及青苗神、麦王爷、豆王爷、稻王爷、谷神、花神等植物神庙的庙会；三是动物神庙会。在动物神的信仰上，不仅有猪神、牛王神、马王神、羊神、狗王、鸡神等六畜神庙会，而且有虎、豹、熊、狮、鹿、狼、蛇、鱼、龟、燕、蚁（蚂蚁）、蝗（蝗虫）等神庙庙会；四是圣贤神庙会。在圣贤神庙会方面，敬祀的对象有关羽、岳飞、张飞、刘备、韩愈、包拯、范仲淹、华佗、李白、杜甫等神庙庙会；五是祖师神庙会。在祖师神庙会方面，敬祀的主要有铁匠、炉匠、窑匠、煤矿等与烧制、冶炼火中求财有关行业的祖师爷老君（李耳），木匠、水泥匠、瓦匠、编织匠、篾匠、彩匠等土里刨金行业的祖师爷鲁班，另外，还有染织行业祖师爷梅葛、纺织行业祖师爷嫘祖、理发行业祖师爷罗祖、玉器行业祖师爷丘处机、豆腐行业祖师爷孙膑、笔制品行业祖师爷蒙恬、造酒行业祖师爷杜康等神庙庙会；六是生神庙会。在生神庙会方面，主要有“娘娘庙”、“奶奶庙”，以及后土、女娲、西王母、碧霞元君、观世音等渐渐渗进“奶奶”原型的神庙庙会；七是淫祠庙会。淫祠庙会也可称杂神庙会。是民间百姓对那些品行不端、相貌可恶的邪神、恶神的信仰，主要有瘟神、疫神、狐仙及各类妖魔、精怪和传说中的奸臣、佞人等。大家敬奉这些神灵的目的并不是崇敬他，而是为了“敬君子不敢得罪小人”求得平安而已。另外，这类庙会也有一些特殊行业所兴，如处于社会最底层的妓女、乞丐，也有自己的行业神庙和庙会。据《如梦录·街市纪》第六载，明代开封妓院在五胜角就有几所白眉神神庙。之外，丐帮也有其祖师爷范丹神庙，这些行业神庙都有其固定的庙会举办时间。

从中原庙会举办的时间和规模看，在我国庙会中也是最具特点的。从会期时间上看，有定期举行的，会期多为一天，也有3天、5天、7天或长达10天、15天，乃至一个月的；也有不定期举行的，如属于天灾人祸的瘟疫流行、旱涝、虫害、大丰收等特殊情况，临时动议办会酬神的等。从规模上看，小者数千人、万余人，中者数万人，大者每天数十万人、累计上千万人的不等。

归纳庙会的特点，大致有以下几个方面：

一、是人类发展、社会进步、经济繁荣的产物和象征。庙会由起源到发展，其轨迹无时不与人类的发展、社会的进步、经济的繁荣息息相关，是社会的发展推进了庙会的产生、兴起、盛行和完善，庙会的发展又

〇二〇〇〇年农历正月初一至二月初二的郑州城隍庙庙会一角

◎二〇一四年农历正月初三平顶山尧山福全寺庙会一角

体现了社会的进步和发展，是一种特定的标志人类发展、社会进步、经济繁荣的文化现象。因此，它是人类发展、社会进步、经济繁荣的产物和象征。

二、是国情、世情、民情的晴雨表。庙会的举办及兴衰与各个时代的国家政局也息息相关。在漫漫历史长河中，凡我国在兵荒马乱、自然灾害严重的年份，民间庙会都会受到不同程度的影响，只有在政局稳定、国泰民安的情况下，民间庙会才呈现出兴盛的势头。越是政局稳定、国泰民安，庙会越兴盛。庙会的兴盛与时代的兴盛息息相关。同时，国情、世情、民情的转折变化，也影响着庙会的发展变化及其具体内容的存在。因此，它又是国情、世情、民情的晴雨表。

三、是社会文化的一个组成部分。庙会是整个社会的一种文化现象，这种现象伴随着人类的进步、社会的发展而不断完善发展，社会文化因有它而变得更加丰富多彩，且更具神秘性。因此，庙会文化也是整个社会文化的一个组成部分。

四、是人们寄托情感的寓所和家园。无论社会局势在什么样的情况下，庙会都是人们寄托情感的特殊场所。一方面，社会越是动乱不安、统治者越是腐败严重，人民就越是高度不满，在这样的情况下，人们就越是重视庙会这一活动场所。贫穷、困苦、积怨的人们把一切情感都寄托在崇信神灵上，大家借神灵寄托期望，通过在庙会上向诸神、诸仙诉说苦衷，以求得到保佑，使其平安度日，同时也得到了释怀；一方面，社会越是稳定，经济越是繁荣，人们越是精神愉快，也越是重视和喜欢庙会这一民间文化形式，大家借庙会消遣，借庙会助兴，借庙会放飞心境。因此，庙会是平民百姓精神生活不可或缺的一个组成部分。

五、庙会文化是劳动人民智慧的结晶。万千年来，世世代代形成的庙会特有的文化特征，是历代劳动人民通过自己的智慧，在将众多传统文化与当时的时代文化相融会，经过改造、发展传承下来的，其特殊的传承性价值既体现了市民阶层当时的时代文化倾向，也满足了人们对这一文化现象的需求。因此，它是劳动人民智慧的结晶。

六、具有特殊的广用性。庙会如同一个大舞台，上至官府，下至农村“社”团，上至大臣要员，下至平民百姓，各种各样的机构，形形色色的人都可以融入其中，为各种“剧目”同演提供舞台，每个组织、每个机构、每个人都可以借助庙会，利用庙会这一特殊场所各有目的的开展、进行一些活动。官府利用其向民众进行教化；社团利用其进行推介；百姓利用其选购生产、生活用品；各色人等利用其猎奇、释怀、慰心等。

七、具有特殊的广容性。庙会又是一个大市场，还是一个大温房，更是一个大熔炉。上至高级轿车，下至一针一线，各种经营项目，它都可以消化，不挑不拣提供市场；上至高雅技艺，下至民间糟粕，各种社会现象它都可以包容，任其各自施展，提供温房；上至京城文化，下至四方艺术，它都可以笑纳，一一改造嫁接，提供熔炉……。厂家利用它直接推销；农户利用它售卖农产；吹糖人、捏面人、绘糖画等高雅传统技艺利用它进行传承、弘扬、谋生；卖假药、设赌局等民间糟粕利用它护身生存；皇家文化、京城文化入驻它经改造服务平民；四方文化入驻它经嫁接娱悦人心……。

综合庙会的内容，随着社会的发展和进步，以及社会的变革和时代的需要，中原地区传统民间庙会的内容已不再是原始的单一化，已发展、扩充为"庙会祭祀、庙会贸易、庙会演出、庙会小吃、庙会游乐、庙会工艺、庙会亲情、庙会宣传、庙会广告、庙会杂记"等十大方面。

从庙会的作用看，大致也可归纳为九个方面：

一、为政治服务的作用。庙会历来都是被历朝历代的统治者，特别是中下层统治者所重视，尤其是自汉代之后更为突出。他们

◎二○○○年农历三月初三新密市天爷洞庙会一角

◎二○○九年农历三月初三泌阳县盘古山庙会一角

都把庙会作为向民众进行教化的重要场所来看待，来利用，使其成为地方性文化思想的重要阵地。古时，统治者借以宣传忠孝伦理观念，道教文化借以宣扬无为观念，佛教文化借以宣扬来世享乐观念，来影响和束缚人民群众的精神世界，约束人们的言语行为，以达到教化人心、驯服行为、拥护统治、稳定社会之目的。新中国成立之后，庙会又成为各地各级地方政府向人民群众宣传党和政府方针政策、地方法规、各项活动、中心工作的场所。改革开放之后，民间庙会呈现着两大突出特点：一是由地方政府直接组织主办，借以招商引资、推介山产、拉动旅游；二是通过庙会搭台，宣传唱戏，把庙会当作特殊的宣传阵地来占领。特别是近年来，随着大型群众性集会不易组织的现实情况，各地地方政府更是把庙会作为传达上级重要文件精神及方针政策，特别是宣传地方政策、安排地方工作和中心活动的重要场所，均收到良好效果，越来越被各地地方政府及党政部门所重视。

二、促进经济发展的作用。这一作用的显现在过去主要表现在贸易上，为众多商家和地方农民提供了借庙会经商和推销山产的良机。近年来，又被各地地方政府所利用，借以唱经贸戏，唱招商戏，唱旅游开发戏。不少地方在大型庙会会期到来前的一个月甚至数月，地方政府就开始组织筹办，都

◎二〇一四年农历正月十五日浚县庙会一角

要专门成立领导小组或指挥部。大型的庙会大多由县、（市）主要领导牵头，中型的庙会大多由乡、镇主要领导牵头，小型的庙会大多由村两委主要领导牵头。最为突出的是淮阳太昊陵庙会、浚县庙会、开封禹王台庙会、登封中岳庙庙会、桐柏山盘古庙庙会、沁阳神农山庙会等，他们从县（市）到乡（镇）、村，各级都专门指定由主要领导主抓这一工作，并由县（市）直属各职能部门分工分头参与，大唱经贸戏、招商戏、旅游戏……有的一次庙会举办下来，就会签约几亿、十几亿元。为确保庙会的顺利举行，各地从接待到交通及安保都做了周密安排，往往一个庙会下来，投入的服务、礼仪、保安、公安干警、消防官兵都多达数万人。

三、推动文化发展的作用。从古到今，庙会都起着一个推动文化发展的特殊作用，也是庙会的重要主题和内容之一。古时，参与庙会文化活动的多由各地地方的社团组织，不少民间社团组织就专为寺庙的祭祀而设，他们常年沉睡于民间，平时，这些社团的艺人也偶尔聚在一起练一练，或偶尔在市集集会上露一手，但绝不经常性、随意性、经营性地在民间表演，只有在庙会期间和大型祭祀活动中才出来专门为神灵表演，以达到娱神之目的。如新密市超化镇超化村的“超化吹歌”，就是典型的寺庙音乐，它自恃高雅，崇为圣乐，只有在庙会期间和本地的天下第十五名刹超化寺大型祭祀活动时才演出，被誉为我国古典音乐的活化石，2007年被评为我国国家级非物质文化遗产，多次在参加国家和省、市有关大赛中获金奖，2013年8月27日又专门应邀赴俄罗斯进行了演出，受到俄罗斯广大观众的高度评价。诸如此类的社团还很多，他们的绝门艺术都专为庙会而备。这些艺术的发展和传承动力在庙会，根在庙会，魂在庙会，它们为庙会而组建，为庙会而准备，为庙会而生存，把艺术的生命和期望都寄托于庙会之上，寄托于神圣的娱神使命上。除此之外，庙会上的多数文艺形式都来自于社会和民间的文艺团体与文艺组织。过去，中原庙会上有赛艺的传统习俗，一般庙会都会请多台戏，这些剧团到庙会后，当地会首和组织者都专门把他们安排在相距不远的区域内，多者三四台，少者也有两台。让他们唱“对台戏”，相互比赛，互相亮招拉观众，以给常年劳作在山里乡间的农民提供一个过戏瘾调节情绪的机会。另外，其他文艺形式也有在庙会上赛艺的习俗。如道口县道口镇东、西、南、北关

◯二〇一四年农历正月十五日浚县庙会一角

及各社区的火神会就很有特色。他们于每年农历正月二十七日至二十九日的庙会上进行表演和比赛，比赛时各会都是会牌、会旗开道，前边武术队表演，后边狮舞、盘鼓、腰鼓、竹马、高跷、旱船等民间传统艺术表演断后，是中原地区文、武形式表演同队同时进行的唯一一个地方。庙会期间，每天都是满城闹声满城人，条条道路两旁都是里三层外三层挤满了看表演的人们，中间涌满了一队一队接踵而过的各会的文、武表演队伍。这种各有特色的文、武表演，不仅丰富了庙会内容，更重要的是无形中推动了各门类文化艺术的发展。近年来，各地地方政府在庙会期间，为了推动地方文化发展，活跃群众文化生活，都专门组织了文艺汇演，这样的形式既规范又热闹，既文明又系统，既隆重又亲民。大家来自于民间，溶入于民众，服务于大众。而且形式多样，门类众多，对我国的文化发展，特别是地方文化和民间传统文化的发展起到了很大的推动作用。

四、服务群众、农时的作用。传统庙会之所以广受人民群众欢迎的另一个重要价值在于它的服务作用。一是凡庙会都有大量商贩涌入，这些商贩大都结合农村农民及小城镇居民的喜好和所需提供商品，在庙会举办期间，广大人民群众可以就近购到自己所需和喜爱的各种用途的物品。庄稼汉可以在庙会上买到称心的农具；老汉们可以在庙会上买到可口的小吃；老太太可以在庙会上为孙子、外孙买到漂亮的首饰；妇女们可以在庙会上买到喜欢的衣服和鞋子；姑娘们可以在庙会上买到出嫁用的被面和花布及饰品；小孩们可以在庙会上买到各色各样的玩具……二是凡传统庙会大多数在结合佛、道、儒文化的同时，还专门结合农时而设定一些注重农耕文化的传统庙会，如小满会、麦货会、骡马会等等，服务农时，服务农业，服务农产品销售。

五、传承传统文化的作用。作为传统文化，有瑰宝也有糟粕，除庙会之外，在任何场所都不可能全数登场，同时“笑纳”，而只有在庙会上可以同时登台亮相。对一些当今社会统属糟粕性的东西，一方面要引导人们在庙会上予以抵制，另一方面有关部门在庙会上要对其进行管理，将这些社会渣滓从庙会上清除出去。一些传统的文化瑰宝、社会精华平时也只有在庙会上才能有机会露面，才能有机会亮相，才能有机会表现，因为它们出自于民间，土生土长，为民众所喜爱，为民众所乐见，这些原本属于庙会上的民间技艺正是借助民间庙会这一特殊载体而得到了存活、保护和传承。我们应加以扶持、鼓励和发展。

六、慰心作用。庙会由祭祀而兴起，自始以来，祭祀都是庙会的主体，它的起因

◯二〇一四年农历正月初三平顶山尧山福全寺庙会一角

◎二〇〇九年农历三月初三泌阳县盘古山庙会一角

就是人们期求得到神、仙的保佑。之后，上层社会和民间也把向先祖、向圣贤祭拜纪念融入庙会之中。久之，不论是对元始大神，还是对先祖、圣贤，或者是对众神、众仙的祭拜，都统统融入了祭祀对象的范畴，也成了人们涌向庙会祭祀的主要目的。不论是人们有什么苦衷、灾难，都愿意在神、仙面前倾诉，那种虔诚的态度，声泪俱下的表情，无论在任何对象面前都难以表现，都难以显现，而只有在神、仙塑像面前，哪怕是一个神、仙的纸牌位前也都会倾情尽诉，以祈求保佑平安，祈求帮助化解灾难、困苦。不论有什么诉求，或求子，或求官，或求财，或求学，或求长寿，或求寻偶……各类需求和期望，都乐于向神、仙求告，以求为其如愿解决。正因为大家的各种诉求都曾通过庙会祭祀巧合的偶尔得到了实现，而更加引起了人们的深信和依赖。但这种或信仰，或求愿的行为，多在人们自觉净化心田，规范行为的前提下进行，所以也起到了崇德向善的作用。因此，在民间就广有“善男信女”之说。可见庙会的慰心作用之大。

七、悦心作用。庙会之所以广受人们喜爱，其中又一个重要原因在于庙会为其提供了“游”的功能。一方面，在远离城镇的深山地区，人们整年起早贪黑，辛勤劳作，由于受交通、经济条件所限，不论男女老少，常年窝憋在山中，不进城，不出游，不看戏，不购物，他们把庙会视为整年期盼的欢乐大节；一方面，在小城镇，甚至交通、经济条件好的地区和人家，有的虽然逛过县城，游过省城，去过北京，甚至走遍五洲四海，但庙会的特殊地方味、民俗味、文化味、多元味都是其它大都市，以及海外地区不能取代的，庙会这种特殊的民间民俗情趣及情结对他们的吸引力也是无可替代的。庙会期间，人们穿上新衣，戴上首饰，邀兄结妹，大家从四面八方蜂拥至庙会举办地，登山、观景、看戏、看杂术、购物、品尝小吃、猎奇、观看庙会上的各色表现，倾吐郁闷，放飞心境，充分利用庙会提供的这一机会尽情享受生活的乐趣，使心灵得到最大程度的愉悦。可以说，庙会就是中国农村隆重、热闹，极受人们重视、喜爱和乐于参与的大聚会、“狂欢节”。

八、联谊作用。自古以来，庙会传承了一个特殊的文化现象，即亲情表达。古时交通不便，人们远隔山山水水，平时很少见面，都期待借庙会之机省亲、聚会。在会期到来之前，庙会所在地的农户家，家家都要杀猪宰羊、买酒买菜待客，其重视程度远远大于任何一个节日。在会期到来之际，庙会所在地各家各户的七大妗子八大姨，一切近房远房亲戚都从四面八方奔来借串亲戚之由赶庙会，近者三里五里，远者十里二十里，有的甚至跑四五十里上百里隔州跨县来串亲戚。有的在庙会所在地没有亲戚，就到庙会上聚会，大家聚在一起，各叙衷曲，好不开心，好不热闹。目前，随着交通条件的改善，以及社会关系元素的增加和联谊意识的增强，庙会省亲习俗的省亲范围也大大扩大，庙会期间，庙会所在地各家在外工作的、当官的，其同事、下级也都借机从几十里、上百里，甚至数百里外前来“串亲戚”联谊，不少庙会所在地群众的同学、战友也都奔来凑热闹，使庙会的联谊功能大大扩大。另外，庙会的另一个联谊内容还有一个媒介功能。中原地区在封闭的山村，人们至今还有陈旧的封建思想，其青年男女的相亲形式至今还保留着偷看的习俗，而在人烟稀少的山村，要巧妙地完成这一行为极为困难，一是新人碍于直接面见；二是整个相亲仪式怕远远被人看见或撞见。人们就习惯于借助庙会来完成这一习俗。庙会期间，双方由媒人约定，各自站在某庙会的某个角落，相互偷看，互相看中了，就由媒人撮合在庙会上直接见面，进展迅速者即在庙会上各自购买定情礼物举行定亲仪式，也就是民间俗称的换标记（两个新人直接见面谈心，互相

◯农历三月十五日禹州市与新密市交界的九里山庙会一角

◯农历正月十八日濮阳市古瑕丘庙会一角

赠送定情礼物）。不行就各奔东西成为陌生路人。

九、信息传播作用。庙会是四面八方人们的汇集地，也是各种消息、信息的汇聚地。庙会期间，没有或不惯于使用现代通信工具的山区农民，都热衷于在庙会上猎取奇闻、获取信息，或传递信息。不少农民常年劳作在乡间，对外面的事情知之甚少，他们借庙会捕捉消息，以满足猎奇的欲望；有的农民不相信报纸，不相信电视，不相信上级的安排，只相信实例，就借庙会期间向三里五村平时无暇见面的熟人了解外面的消息及奇事，了解生产、生活的信息和经验，以及发展家庭经济的“真经”，以满足心理需要和回家用于发家致富；还有的借庙会传递订婚、结婚的日子，生贵子、送米面办喜事的时间，以及其他一切事情的口信儿，这是山里人的习惯，也是他们认为最为牢靠，最为可信的传递信息的形式。总之，庙会是山里乡间本地外地一切新闻、信息的集散地，各种消息、信息的汇聚中心。人们通过集中于庙会，再分散于乡里，本地和外地的各种新闻、信息便会在本地区迅速、广泛地传播扩散，有的有价值的信息还能造福一方百姓。可见，庙会传递信息的作用已远远超出经济交往范围而有了社会生活的更深意义。

2014年5月15日晚12点40分落草

◎图为二〇一四年正月初三平顶山尧山福全寺庙会一角

第一章　庙会祭祀

祭祀是庙会的起因，一直以来也是庙会的主题，庙会兴办的由头。

古时，祭祀一直是庙会上的重头戏，上至皇帝大臣，下至平民百姓，都把赶庙会进行祭祀活动当作重中之重的头等大事来看待，根据地位和地区的不同，其祭祀形式和规模也不尽相同，但在人们心中的重视程度却都至高无上，都是竭尽全力在“隆重”二字上做文章。近年来，庙会的祭祀活动达到了高潮，无论从形式和规模上都比过去庙会上的祭祀活动有过之而无不及。中原庙会的祭祀活动更为繁杂、热烈和隆重。

从祭祀的对象看，不仅有创世原始大神盘古、女娲、伏羲、炎帝、黄帝、大禹等等，还有崇拜偶像关羽、刘备、张飞、岳飞等，更有道教的玉皇大帝、王母娘娘、太上老君、财神、文昌、火神、土地、城隍、山神、龙王、河神，佛教的释迦牟尼、观世音菩萨、十八罗汉，儒教的孔子等等。近年来又新增了毛泽东，个别地方群众还专门集资建起了“毛主席纪念堂”。不少寺和庙还进行了大力度的改革，将儒、道、佛三家之崇拜偶像集中在一个寺里或庙里敬奉祭祀，以满足和便于各种信仰者就近祭祀。

在祭祀的形式上，中原大地的庙会目前既排除了过去一些极具迷信色彩的烦琐形式，又改造了一些传统的祭祀形式，有的地方还创造了不少新花样。不过大多是传统的上香、上供品、烧黄表、烧纸钱等形式。当然不少地方的特殊形式还是独具特色的，如新密市天爷洞庙会上的上“桥”，其“桥”分“金桥”、“银桥”两种，分别由整匹的黄布和白布缝连而成，黄布缝制的为“金桥”，白布缝制的为“银桥”。上“桥”的方法是由众多信徒将“金桥”或“银桥”双手拉住两边顶在头上向崇拜的神灵敬献。其敬献的方式是，“桥”前锣鼓和器乐开道，接着是领队捧香抬牌位相随，后边是众信徒顶“桥”跟行，每走一段路程，就停下来对着抬着的神灵牌位上香、烧表祭拜一番。到达神灵塑像面前后，就由守护者出洞迎接，然后由领队上供、上香、焚裱，之后将“桥”一段一段的送入炉膛焚掉。上“桥”的目的有二：一是为神灵铺路，让神灵受感化后，来化解各个上“桥”者及其家中的苦难、灾祸；二是为众上“桥”者百年后可以通过“桥”直通天堂，免受地狱之苦铺路。其“桥”的制作费用及整个上“桥”仪式的花费由众参与的信徒按人头平均分担，这些“桥”长者达数华里，短者也在百米以上。目前，这一上“轿”的祭祀形式在新密的其它庙会上也被开始广泛应用。另如百泉庙会的“观羊”、“送贴”、“放水鸭”、“送河灯”；濮阳舜帝故里庙会的“万人同吃一锅饭”；淮阳太昊陵庙会的上木楼纸楼；桐柏山盘古庙庙会的上整猪整羊等。

在庙会祭祀的规模上，近年来逐渐增大。目前，到庙会参与祭祀的人有的为还愿，有的为求财、求官、求子、求婚、求祛病、求长寿、求寻物、求平安等等，有的年轻人为好玩，进入庙会都把祭祀当成一种必然内容和形式来看待，看到众人虔诚的祭祀，他们也随便请来三炷香、一叠裱在神灵前上上、烧烧，以求到庙会上参与或完成了一种形式和内容。中原庙会在祭祀规模上当属淮阳太昊陵庙会最大，庙会期间，每天在庙会参与祭祀的人均不下十万人，古时更盛，那时群众赶会主要为祭祀，态度都非常虔诚，庙会期间，来自山东、安徽、河南等地的民众如期都来朝祖，那时“朝祖”和现在个人行动不一样，是有组织的，一般都由众信徒组成“朝祖会”或“进香会”，会内由会友推举会首一人，为全会的总负责人，会友三五十人不等。会内经济来源，每年麦收的时候，每人摊小麦一斗，把收得的麦子全数卖了，把所得的钱放贷出去，到次年庙会时，本利收回，作为赶会盘缠，每年如此循环不已。这些“朝祖会”和“进香会”来赶会的时候，至少带几面铜锣，一进大门便噔噔敲打起来，有的还带有响器班（即唢呐队），随行随吹。到陵前磕头烧香，还唱祝歌，抑扬顿挫，如唱歌曲。当时，因交通原因，很多人是住会的，一般得个三五天。二月十五日前后，庙会最盛，方圆十多里住满了香客。盘火做饭，井水取渴。现在交通发达了，二三百里内来赶会都可朝来夕归，反而显得不如以前热闹。不过，以“朝祖会”或“进香会”的活动形式到庙会上祭祀至今还保留着，有一些“朝祖会”或“进香会”集体住会的习惯也一直沿袭着，不过其原因不是因为路途远，而是想更多地领受人祖爷的灵性和护佑，更多地表达虔诚。在庙会期间，由于每天到庙内和陵前祭祀的人多，每天在陵前烧后的香灰、裱灰都堆有百余平方米见方，达三米多高，一天中，陵中管理人员要数十次用高压水枪对香灰、裱灰灭火降温，天天傍晚赶会的人散去后，陵园管理处还要动用多台拖拉机向外运送香灰、裱灰。

对于上述祭祀的情况，目前在人们的心目中都知道是封建迷信活动，但由于这一现象是自古以来从庙会上传承下来的，真正由心参与的人多是少数老年人，中青年均不相信，至于少数年轻人参与了这一活动，也都是图个好奇，玩玩而已。随着时代的发展，人员群体的更替，这一现象会逐步从庙会上退出。那么，等这一现象从庙会上消失之后，如何建立庙会与庙的联系，庙会活动还要不要开展，应是我们当下的人提前思考的问题。

庙会上神殿前终日香火不断

◯每年的农历三月初三，驻马店市泌阳县盘古山盘古庙庙会上，都要举行隆重的拜祖活动。下列图为二〇〇九年农历三月初三该庙会举行拜祖活动的盛况。上图为盘古大殿广场主会场一角

◯图为贵宾们正在列队参加活动

◯图为贵宾正在宣读祭文

◯图为礼仪小姐为各位贵宾上净手水

◯图为各位贵宾上香前正在净手

图为贵宾们正在依次燃香

图为贵宾们正在依次上香

图为放飞和平鸽

图为广场外鸣放礼炮的现场

图为拜祖仪式结束后，被放行的人们从二道门涌入盘古殿广场的情形

图为拜祖仪式结束后，人们从三道门涌入大殿广场的情景

图为拜祖仪式结束后，人们在盘古大殿前进行隆重祭典的情形

图为盘古大殿现场一角，右一大殿居中位置的为盘古塑像

淮阳太昊陵庙会被誉为“中华第一会”、“天下第一会”，每年从农历二月初二至三月初三举行，会期一个月。甲午年农历二月初二，这里举行了隆重的甲午年人祖伏羲太昊拜祖大典。下列图为拜祖大典的盛况。

人祖伏羲太昊拜祖大典现场之一

人祖伏羲太昊拜祖大典现场之二

主持人在人祖伏羲太昊拜祖大典上主持仪式

贵宾在人祖伏羲太昊拜祖大典上献花

贵宾在人祖伏羲太昊拜祖大典上上香

贵宾在人祖伏羲太昊拜祖大典上敬酒

贵宾在人祖伏羲太昊拜祖大典上宣读祭文

贵宾在人祖伏羲太昊拜祖大典上讲话

◯淮阳太昊陵庙会的祭祀活动异常热闹隆重。图为香客们到庙会上还愿的景况之一

◯图为香客们到庙会上还愿的景况之二

◯庙会上每天焚烧的香灰纸灰堆积如山。图为管理人员用高压水枪对香灰纸灰喷水的景况

◯庙会上焚烧的香、纸浓烟笼罩了庙宇上空

◯庙会期间管理人员每天下午用拖拉机向外运送香灰纸灰的景况

在甲午年农历二月初二至三月初三的淮阳太昊陵庙会开始前，河南范蠡商文化促进会的同志，即于农历正月二十九日上午赶到了周口市区某酒店，准备于农历二月初二参加太昊陵甲午年太昊伏羲拜祖大典。当天下午至二月初一全天，专门在该酒店举行了本会的“甲午年人祖太昊伏羲拜祖大典。”下列图为该会单独举行拜祖大典的景况。

◯河南范蠡商文化促进会会长苏钰洋为大家授课

◯请人祖牌位

◯为人祖上花

◯为人祖上香

◯行祭拜大礼

◯为人祖唱颂歌

◯轮流拴连根卡

◯许愿

西华县聂堆乡女娲庙每年农历正月十二至二十日都要举行隆重的庙会。图为二〇〇七年正月十三日人们在女娲庙庙会上购买祭品的情形

在该女娲庙庙会上，当地时兴一种为女娲坟添土的习俗。图为二〇〇七年农历正月十三日人们手捧泥土纷纷登上女娲坟为女娲坟添土的情形之一

图为二〇〇七年农历正月十三日人们手捧泥土纷纷登上女娲坟为女娲坟添土的情形之二

图为二〇〇七年农历正月十三日四方香客云集该女娲庙庙会的情形一角

图为二〇〇七年农历正月十三日该女娲庙庙会热闹的场景一角

位居太行山深处的神农山，每年农历三月初三都要举行隆重的庙会。从这道、佛共处的寺庙群内处处可见的巨大精工石雕，可见这里寺庙场所昔日的规格之高规模之大。下图为二〇〇三年农历三月初三该庙会的活动情形。

人们在大雄宝殿前歌舞娱神

香客在虔诚上香

用石块和大砖混砌的玉皇殿显示了这里过去建筑的宏伟

一块块高精大型残损石雕讲述着这里昔日的辉煌

人们边在沐月台上休息边观看庙会活动

大山深处的庙会别具一番风味

新密市超化寺为我国第十五名刹，该寺每年农历四月初八庙会的前一天上午，都要举行隆重的送圣仪式。图为二〇一三年四月初七该寺送圣仪式之一

超化寺送圣仪式之二

超化寺送圣仪式之三

超化寺送圣仪式之四

超化寺送圣仪式之五

超化寺送圣仪式之六

超化寺送圣仪式之七

◯超化寺送圣仪式之八

◯超化寺送圣仪式之九

◯超化寺送圣仪式之十

◯超化寺送圣仪式之十一

◯超化寺送圣仪式之十二

◯超化寺送圣仪式之十三

◯超化寺送圣仪式之十四

◯超化寺送圣仪式之十五

在内黄县三杨庄庙会上，礼仪师规范地带领大家向颛顼、帝喾二帝行大礼

人们在贫困地区庙会的土洞内祭祀神灵的情形

每年农历三月初三开封禹王台庙会举行大法会的情形

虽然有的神位仅由几块砖砌成，但人们仍然虔诚地祭祀

腰鼓队穿行于山间逐神殿表演娱神

人们纷纷燃香准备进行祭祀

隆重的祭祀仪式上人们正在虔诚地上供品

人们摆上供品正在祭祀

香客们将特别为神灵蒸制的馍山供奉在神灵前。图为供品之一

图为供品之二

图为供品之三

图为供品之四

图为供品之五

图为供品之六

新密市天爷洞每年的庙会上都要举行隆重的上桥仪式。图为某年农历三月初三庙会上上桥的情景之一

图为新密市天爷洞某年农历三月初三庙会上上桥的情景之四

图为新密市天爷洞某年农历三月初三庙会上上桥的情景之二

图为新密市天爷洞某年农历三月初三庙会上上桥的情景之三

图为新密市天爷洞某年农历三月初三庙会上上桥的情景之五

在新密市天爷洞上轿习俗的影响下，新密各大庙会也都先后兴起了上桥仪式的习俗。图为米村庙会上举行上桥仪式的情形

人们在庙会上行迎接礼

香客们在庙会上给神灵上红布幡贡品

人们冒雪在神殿前进行竹马、旱船表演娱神的情形

香客手捧金纸做的莲花去祭祀

香客们在庙前进行祭祀的情形

○庙会上的祭祀活动之一

○庙会上的祭祀活动之二

○庙会上的祭祀活动之三

○庙会上的祭祀活动之四

○庙会上的祭祀活动之五

传说人祖伏羲最喜欢用木料和彩纸做的“楼子”贡品。图为人们肩背用杨木、柳木、桐木做的木“楼子”贡品涌进太昊陵的情形之一

图为人们手拿木“楼子”贡品涌进太昊陵的情形之二

图为人们手拿用彩纸做的“楼子”涌进太昊陵的情形

◯庙会期间各寺庙都为前来上香的各路香客准备了简单的饭菜

◯香客们涌向庙会现场的情形

◯五姐妹带着祭品结伴赶庙会的情形

◯庙会上人们涌向大殿祭祀的情形

◯不少庙会都有由故事会社集体祭祀的仪式

◯香客们席地坐在神像前接受神灵的护佑

在庙会上群众纷纷解囊捐款的情形

各位香客在庙会上兑份子钱

庙会上雄狮向神灵祭拜的情形

庙虽小，但人们祭祀仍由心虔诚

庙会上隆重的祭祀场景

人们虔诚的在庙会上进行祭祀

香客休息时也不忘合掌诵经

庙会上的许愿活动丰富多彩。图为许愿活动之一

图为许愿活动之二

图为许愿活动之三

图为许愿活动之四

虔诚的香客在庙会上面对四方向神灵祭拜

人们手持画符的黄裱在神灵前诵经

庙会上人们虔诚的向神灵祭拜

人们在庙会上诵经祈福

认寺庙上古松柏为干爹的孩子，也在庙会上举行向“干爹”祭拜的仪式。

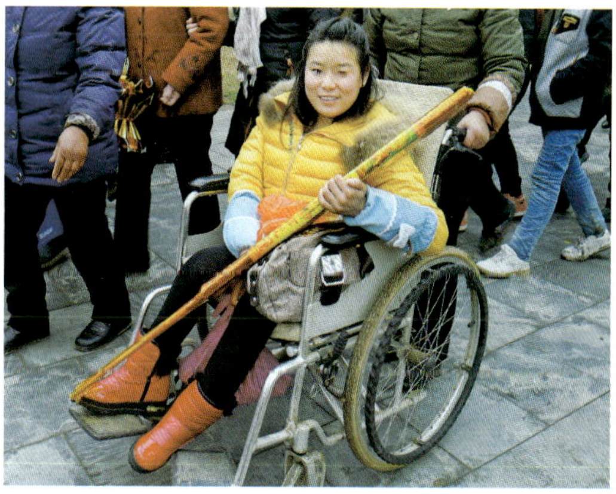

图为残疾人在庙会上祭祀的情形之二

淮阳太昊陵庙会为了照顾残疾人，专门在每年农历三月初三庙会的最后一天设立了残疾人祭祀日。图为残疾人在庙会上祭祀的情形之一

图为残疾人在庙会上祭祀的情形之三

近年来，人们对孔子的纪念活动也逐渐升温，在不少地方，文庙也都增加了庙会活动，使一向冷清的孔子纪念地也都一下子热闹起来，从而使人们在逛庙会的同时也都广泛深入地接受了传统文化教育。下列图为二〇一四年郑州文庙新兴起的农历正月初一至十六的庙会盛况。

◯郑州文庙二〇一四年庙会上祭祀活动之一

◯郑州文庙二〇一四年庙会上祭祀活动之二

◯郑州文庙二〇一四年庙会上祭祀活动之三

◯郑州文庙二〇一四年庙会上祭祀活动之四

◯郑州文庙二〇一四年庙会活动一角

◯郑州文庙二〇一四年庙会上的许愿长廊一角

◯人们在二〇一四年郑州文庙庙会上参观孔子故事展的情形

◯人们在郑州文庙二〇一四年庙会上参观年画展的情形

第二章 庙会贸易

贸易是庙会的主体，也是举办庙会的重要意义和价值之一，同时又是人们积极“逛”会的主要目的之一。

庙会之所以广受人们喜欢，主要是它的经营项目比较齐全，大到汽车、轿车、农用机械、农用车、摩托车、空调、电视机、电冰箱，小到针针线线；洋到法国香水、韩国化妆品、美国时装、印度美食；土到有手工制作的锄、锨、叉、耙等农具，刀、剪、锥、绳等用具和各地各色山区零碎的土特产；还有年轻人新婚的礼服、老年人送终的寿衣、孩童们爱穿的兜肚和毛毛鞋；以及生产、生活的一应物品……

庙会贸易的组织形式一概由各庙会的办会组织统一规划安排。会期前半月或头几天，各参会厂家、商家、商贩都先后到庙会进行登记报名，然后由办会方按参会商家的情况分类型、分量轻重、规模大小划分经营区域。

在经营形式上，一种是由厂家直接参会经营，会期前一天，或前几天他们即在庙会管理方为其划定的区域上搭台摆设陈列商品进行准备。另一种是远近的商场及供销合作社商店前往经营，利用庙会变换经营方式，或降价，或甩卖，推销在城镇难以推销的过时商品，以腾库和清仓。第三种是专门为庙会服务的小商贩，他们制作有专用的遮雨、遮阳的各种材质、各色各款式的布篷，有专门制作的固定尺寸便于搭设的货架、面板，并有专门焊制了固定货架的小汽车、农用车、小型拖拉机、摩托车等运输工具。近

◯推着山产去赶会

年来，一些大点的商贩又开始运用改装的中、小型车辆专体到庙会上卖东西，他们到庙会上后，往规划的指定摊位上一停，打开车厢即可以经营，庙会结束后，东西一收，车厢一合，开着即走。同时他们还特制了驻会做饭的专用火炉和用具、餐具及折叠床，在庙会上起居生活都很方便。第四种是庙会所在地方圆三五里、十里八里、甚至几十里的农民，他们在会期中也都或用汽车、拖拉机、马车、架子车运，或用手推车推，或用肩挑，将自家土地上出产的山货、农产品和自编的苇席、筐、篮及自制的农具、麦货、生产、生活用具运到庙会上变卖换钱。他们凭着脸熟，一般都不提前到庙会组织处报名登记，都是到了庙会随处、沿路摆放经营。第五种是牲畜商，这类商贩一种是专门靠远途贩运牲畜到庙会转卖赚钱的，一种是庙会所在地附近或方圆十里八村的农户前来出售自家饲养的牛、骡、马、驴、羊、猪、鸡、鸭、鹅等的，其中也有一部分是为了调换自家农用和生活用的牲畜而专程来赶庙会的，他们先把自家用了多年牙口老的牲畜处理给餐饮商，然后再添钱买一头牙口嫩的牲畜回家自用。

庙会贸易是民间庙会的主题之一，其价值有以下四点：一是方便了山区群众的生产、生活。山区群众常年生产、生活在乡间，出山购置生产用具、生活用品极不方便，庙会的举办，为他们提供了一个难得的机会，有的连购置红白喜事用品及大件生产、生活用品也都在庙会上解决，庙会贸易活动为他们提供了极其方便的机会和条件；二是推动了山区经济发展。庙会期间，庙会举办地附近的群众，都借机到庙会上推销山产、农具、用具、牲畜和传统工艺品，有力地推动了山区经济的发展；三是互补了城乡群众生产、生活用品的需要。庙会上，由于大量城镇厂家、商家，甚至是大城市和外省的大厂家、大商家介入，为山区群众提供了就近购买时尚生产、生活用品的机会，同时，山区大量山产、山货和民间工艺品的介入，又为城镇前来赶会的人们提供了趁会购买民间生产、生活用品及民间工艺品的机会，甚至有些购买收藏品的良机；四是传承和保留了许多传统的商贸交易文化。随着社会的发展，许多传统的民间贸易文化逐步消失、改进和减少，而只有在庙会上，仍保留着一些传统的交易文化。比如牲畜交易，如今还一直保留着在衣襟下俩人用手递手指摸价的方式。再如传统的叫卖方式，在城镇已几乎绝迹，而在庙会上仍完整的保留着，就连过去脖子上挂着装有小商品木盒，串会叫卖的形式也一直原汁原味地保留着。风，一股古朴的交易民风，通过庙会贸易活动又把人们拉回到那令人寻味的遥远古代。

◯带着山产去赶会

○购买麦收工具（在豫西地区俗称麦货）

○购买麦收工具的情形

○出售蔬菜

○卖羊

○卖金鱼

○卖鸡娃

卖兔娃

卖西瓜

卖山货

○庙会上的牲畜交易市场仍保留着传统的摸价交易活动。图为牲畜交易活动之一

○图为牲畜交易活动之二

○图为牲畜交易活动之三

○图为牲畜交易活动之四

○图为牲畜交易活动之五

卖扁担

卖肉

卖鸡

卖芝麻香油

◯如今，大型农机商也瞅准了庙会的商机

◯卖有机肥料

◯卖衣服之一

◯卖衣服之二

◯卖衣服之三

◯卖布匹

◯卖被面

卖日用品

把商品摆在自驾的车上出售

卖药种

卖冰淇淋

卖副食品

卖杂货

○卖礤串（一种厨具）

○卖节能炉

○传统的修鞋技艺在农村庙会上仍很受欢迎

卖书

卖杂货

小小的穿针器在庙会上也引来不少人的驻足

传统的肩挂盒子经营方式在庙会仍原汁原味地保留着

精心挑选

把膨化机械开到庙会上现场制作销售

笑购城里货

在庙会上搭建的临时布棚里营生

选购商品

卖鞋

带着孩童到庙会做生意

把经过改装专门用于赶庙会的三轮车开进庙会做生意

农村女娃最热衷赶庙会购物

庙会举办地的人们也瞅准商机做起了存车生意

卖祭品情形之一

卖祭品情形之二

卖祭品情形之三

卖祭品情形之四

卖祭品情形之五

第三章　庙会宣传

庙会是一方特殊的领地，正是因为它有着千姿百态、多姿多彩、喜闻乐见、耐人寻味、诱人体验、令人陶醉的内容，所以千百年来，一直倍受群众欢迎，也正是因为它的群众广泛参与性、群体集中性，才又派生出一种奇妙的政治价值。

庙会历来都是被历朝历代的统治者所重视，尤其自汉代之后更为突出。他们都把庙会作为向民众进行教化的重要场所来看待、来利用，使其成为宣传文化思想的重要阵地。

建国之后，历届党政部门都很重视这一人员参与广泛、群体集中的集会形式，都把这一场所作为政治阵地来占领，运用多种形式宣传党的方针政策，宣传地方法规和工作部署，宣传各方面的典型，以达到宣传、教育和激励作用。

地方各职能部门也都把庙会作为一种广泛深入宣传的佳机，纷纷走上庙会设立专门宣传区进行各种形式的宣传，均收到良好的效果。

近年来，随着农村群众集会不便组织的新情况，各地党政部门及职能部门都更加重视庙会这一宣传场所，不论大、中、小型庙会，各地各级党政部门都要视情况予以组织宣传活动。大型的由县（市）组织，中型的由乡（镇）组织，小型的由村两委组织。宣传活动形式多样，丰富多彩，不但在宣传党的方针政策、法律法规、典型模范等方面发挥了作用，在招商引资、推介旅游等方面也发挥了重要作用，有效地推动了各地政治、文化、经济、旅游事业的发展。

◯利用民间文艺演出宣传计划生育

◯各地党政部门都非常注重利用庙会进行政策宣传。图为庙会举办地的干部正在庙会上进行政策宣传的情形之一

◯图为庙会举办地的干部利用庙会进行政策宣传的情形之二

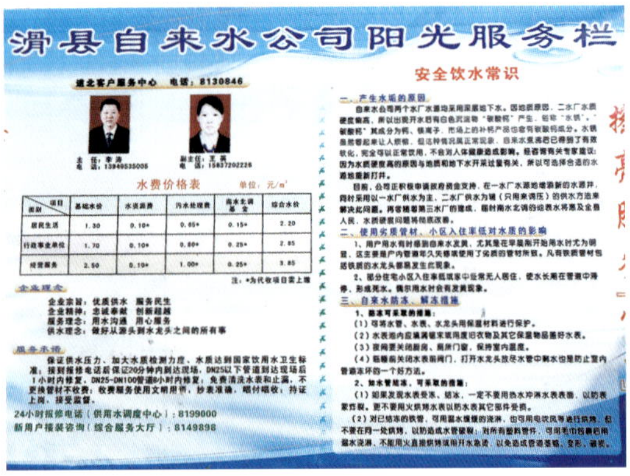

○宣传便民方案

○宣传地方发展

○农业新技术宣传也走上庙会现场

○传统的版面宣传形式始终是庙会宣传的主角

○利用庙会宣传地方发展

○利用庙会宣传农村典型

○身边的典型最受人们关注

○利用庙会弘扬农村好风尚

○庙会上布置的书画展览也深受乡里人欢迎

○庙会上的画展惹人喜欢

○庙会上的书法作品展引人入胜

○庙会上的钱币展令人神往

○庙会上的黑板报宣传依然令人关注

○庙会上的宣传横幅随处可见

○庙会举办地的各社区也瞅准了庙会这一宣传良机

○不少地方都利用春季的庙会进行文艺汇演

○制作宣传图片利用庙会宣传党和政府的方针政策

○宣传邪教的危害

○宣传交通法规

○宣传历史发展

○宣传庙会文化

◯利用庙会宣传环保政策

◯利用灯谜形式普及科技知识

◯检察机关也走上庙会进行法律宣传

◯医院也走上庙会现场宣传健康知识

◯公安部门也走上庙会进行现场说法

◯利用庙会演出进行政策宣传之一

◯利用庙会演出进行政策宣传之二

◯利用庙会演出进行政策宣传之三

◯利用庙会演出进行政策宣传之四

◯利用庙会演出进行政策宣传之五

◯利用庙会演出进行政策宣传之六

◯利用庙会演出进行政策宣传之七

◯计划生育宣传几乎在每个庙会上都有

◯利用庙会发放普法知识宣传单

◯利用庙会散发政策宣传单

◯建设部门也在庙会上设立了政策宣传台

◯利用庙会散发发家致富的宣传单

◯利用庙会推广玉米新品种

○民间文艺表演队身披书写宣传口号的披肩在庙会上演出

○庙会期间，利用临时设置路障的车辆布置宣传内容

◯盐业部门利用庙会宣传国家的食盐政策

◯利用庙会宣传屠宰政策

◯计划生育宣传车穿行于庙会会场

◯利用灯展在庙会上进行产业宣传

◯利用灯展进行行业宣传

第四章　庙会演出

庙会演出是庙会的第二大主题。庙会演出的由因是娱神，娱神的过程吸引了人们驻足观看，使这种演出活动实现了娱乐的作用。

随着社会的发展，庙会演出这种专为娱神而设和安排的严肃活动，近年来也有了新的特殊功能。一是活跃山区群众文化生活。庙会多散布在县城以外的乡村和大城市的边远社区，这些地区的群众长期劳作在乡间、山区，有的甚至是深山区，常年文化生活匮乏，各地庙会所在地的地方政府和会首都要考虑借庙会之机活跃一下山区群众文化生活。费用多由地方的乡镇政府或村委会和居民组出，也有的由外地及地方某商家或某企业赞助，有的地方无集体单位和企业出资请剧团，就由当地群众家家户户兑钱请戏；二是招徕商家和客户。凡庙会有戏，甚至有数班戏的，其招徕功能就大，不仅庙会所在地的群众蜂拥参加，就连庙会所在地方圆十里、二十里，甚至几十里的群众也踊跃前往。这样，参加的群众越多，其商机和商业价值就越多越大，投资商就越会重视这一地区的经济和旅游价值。因此，在庙会举办前，当地政府都会精心做一些周密策划和安排，来实现以戏以艺招人，以人招商之目的；三是促进文化发展的功能。不少地方，每年都借春季农闲的时节，利用庙会这一人多的时机，举办民间文艺汇演活动，从而达到促进农村文化发展的作用。如道口县道口镇，每年农历正月二十七日至二十九日都要举行三天火神庙会，这时，当地政府都要举行声势浩大的民间文艺汇演活动或戏剧

◎利用庙里的古戏楼进行表演的情形之一

大赛，从而有力地促进了当地群众文化活动的发展。当地保留完好的珍稀大弦戏、大平调等地方剧种也得到有效的保护、传承和发展，其大弦戏还被列入全国首批非物质文化遗产名录，另外，道口秧歌也被列入了第一批河南少数民族文化工程保护名录。

在传统民间庙会上，除了一些娱神的戏剧和民间传统文艺表演形式外，还有不少独具特色的表演形式，如经担舞、木偶戏、拉洋片、魔术、杂技、要武术、变戏法、要猴、马戏表演、吹歌、唢呐表演、琴书、坠子书等。

从规模上看，中原庙会的演出活动，向来都是庙会上分量最重的。如浚县正月古庙会上的民间社火表演，享誉全国，最热闹的是农历正月初九和十五两天的拜山活动，初九祭拜大伾山，十五祭拜浮丘山。祭拜当天，从早上四点开始，四邻八乡的几十支社火和文艺表演团体就早早赶来，一一摆开架势，各自拿出自己的看家本领，在两山之间进行竞赛，走高跷、玩狮子、舞龙、跑旱船、放火铳、要杂技、唱戏曲，另外还有秧歌、竹马、龙灯、抬阁、背阁、抬老四、顶灯、大头舞、散河灯等表演节目，其中最具特色的是舞狮，主要表演形式有狮子滚绣球、滚翻、扑食、抖鬃、梳毛、钻火圈、追逐、爬行、双狮争球等。浚县舞狮与别的地方不同的是，表演时狮子在前，后跟武术队。武术队俗称“刀枪把子”，真刀、真枪，全都是真拼实打的童子功，显示出瓦岗军驻扎大伾山时带给浚县民间的习武雄风。之外，是这里的高跷表演，民国初年，浚县高跷队把天津的高跷表演技巧和湖南的小曲调揉为一体，形成了独特的表演风格。这些社火队在初九、十五两天的表演中，都各自使出全身解数尽情表演，引来数十万人的沿街围观，热闹非凡，形成了一道十分亮丽的中原文化景观。由于浚县民间社火形式多、技艺高、分部广，所以远近闻名，被评为国家级非物质文化遗产，大伾山庙会因会期长、规模大，也被列入“河南省民俗经典”公布名单，并被文化部、财政部公布为“中国民族民间文化保护工程”。

特别值得一提的是，新密市超化镇超化村的超化吹歌，原为我国第十五名刹超化寺的寺庙音乐，建国后失传多年，于1982年得到了恢复，被誉为我国古典音乐的活化石，多次在我国音乐大赛中获金奖，被评为我国国家级非物质文化遗产，2013年8月27日又专门应邀赴俄罗斯进行了演出，受到热烈欢迎和好评。

◯利用庙里的古戏楼进行表演的情形之二

◯舞狮表演之一

◯舞狮表演之二

◯舞狮表演之三

◯舞狮表演之四

◯舞狮表演之五

◯每年农历正月初一至二月初二的浚县庙会，最具特色的是正月初九和十五的社火娱神活动。届时，全县几十家社火齐聚县城，依次在城中和大伾山与浮丘山表演娱神。图为二〇一四年农历正月十五各社火队在城中和浮丘山碧霞宫前表演的盛况之一

◯在城中和浮丘山碧霞宫前表演的盛况之二

◯在城中和浮丘山碧霞宫前表演的盛况之二

◯在城中和浮丘山碧霞宫前表演的盛况之四

◯在城中和浮丘山碧霞宫前表演的盛况之五

○在城中和浮丘山碧霞宫前表演的盛况之六

○在城中和浮丘山碧霞宫前表演的盛况之七

○在城中和浮丘山碧霞宫前表演的盛况之八

○在城中和浮丘山碧霞宫前表演的盛况之九

○在城中和浮丘山碧霞宫前表演的盛况之十

在道口县城每年农历正月廿七至廿九的庙会上，道口镇东、西、南、北关及各社区的火神会都要进行文、武表演队同时展示的特色表演，是中原地区文、武形式同队同时进行表演的唯一一个地方。其中其秧歌表演被列入我国国家级非物质文化遗产名录。下列图为二〇一三年正月廿七日该庙会举行演出的盛况。

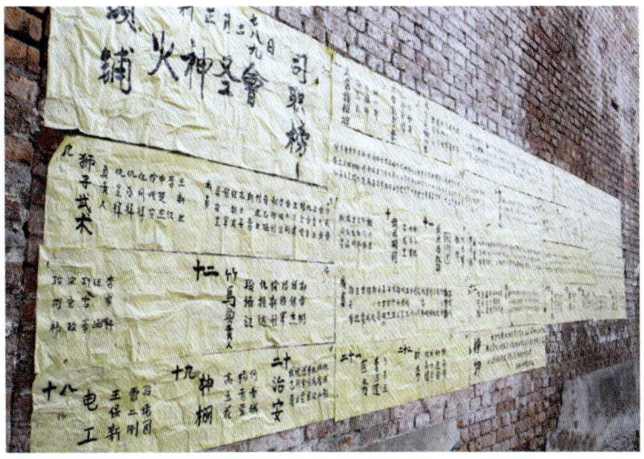

○某火神会在庙会举办前拟出的演出组成人员名单

○某火神会临时食堂正在为出发前的演员们准备饭菜

○某火神会醒目的标志之一

○某火神会醒目的标志之二

○某火神会醒目的标志之三

在家化好妆的演员们赶往会社路上的情形

正在做演出前的准备

演员们在会社旁边等候出发的情形

武术队的孩子们一边玩牌一边等待出发

在各火神会每次演出出发前都有向神灵祭拜的习俗。图为竹马社在演出出发前向神灵祭拜的情形

道口镇某火神会的舞狮表演

道口镇被列入我国国家级非物质文化遗产名录的秧歌表演

道口镇某火神会的高跷表演

道口镇某火神会的竹马表演

道口镇某火神会的经担表演

○道口镇火神会上的旱船表演别具特色。图为道口镇某火神会旱船表演之一

○图为道口镇某火神会旱船表演之二

○图为道口镇某火神会旱船表演之三

○图为道口镇某火神会旱船表演之四

○图为道口镇某火神会旱船表演之五

新密市超化寺的超化吹歌位列国家级非物质文化遗产名录。图为他们参加祭祀活动的情形之一

超化吹歌队参加祭祀活动的情形之二

超化吹歌队参加祭祀活动的情形之三

现任超化吹歌传承人、超化吹歌队队长宋俊忠正在吹奏

现任超化吹歌队传承人宋文建正在吹奏主乐铜管

◯庙会上的高跷表演之一

◯庙会上的高跷表演之二

◯庙会上的高跷表演之三

◯庙会上的高跷表演之四

◯庙会上的高跷表演之五

◯庙会上的高跷表演之六

◯庙会上的高跷表演之七

◯庙会上的高跷表演之八

◯庙会上的高跷表演之九

◯依山坡搭建的舞台表演

◯平原地区的高架舞台演出现场

依沟滩地搭建的舞台表演

靠山根搭建的舞台表演

山区靠低洼地搭建的舞台表演

低洼地搭建的舞台表演最方便观众观看

◯依大殿搭建的舞台表演

◯利用货车搭建的临时移动舞台表演

◯姊妹俩结伴在庙会上看戏

◯烈日也难压戏迷们看戏激情的热度

腰鼓单舞表演

大镲表演

木偶表演

腰鼓双舞表演

伞舞表演

转轮表演

武术表演

竹马表演之一

竹马表演之二

庙会上的猪八戒背媳妇表演

二鬼摔跤表演

大头表演

经担表演之一

经担表演之二

喷呐表演之一

喷呐表演之二

喷呐表演之三

喷呐表演之四

喷呐表演之五

飞车表演

○曲艺表演之一

○曲艺表演之二

○曲艺表演之三

○曲艺表演之四

○曲艺（相声）表演之五

○曲艺表演（小品）之六

◯拉洋片表演之一

◯拉洋片表演之二

○丑角表演之一

○丑角表演之二

○丑角表演之三

○丑角表演之四

○丑角表演之五

○丑角表演之六

○丑角表演之七

○丑角表演之八

◯斗兽表演

◯木偶表演

○盘鼓表演

○杂技表演

○扇舞表演

○滑竿表演

○开封翰园每年正月初一至二十二都要举行大庙会。庙会举办期间，每年都要请一些大型演出团体进行演出助兴。图为二〇一三年庙会上请来的外宾演出团正在表演舞蹈的情形

○盘鼓表演之一

○盘鼓表演之三

○盘鼓表演之二

○轿舞

第五章　庙会游乐

“逛庙会”是民间庙会的一种文化现象，也是民间庙会的一个重要组成部分。

在封闭的山区，人们常年劳作在田间地头，整年面朝黄土背朝天，活动单调乏味，生活单一无趣。可以说方圆几里、十几里、几十里的人们都期盼着家门口或家乡附近庙会的举办。借以放飞心境、游乐寻趣，因此，“逛”就成了民间庙会的一大内容。

在庙会举办期间，对于庙会所在地方圆三里五村、十里八乡的群众来说，其头等大事就是“逛庙会”。在此期间，各家各户都会统筹安排时间让全家人轮流去“逛庙会”，总体目的是借庙会举办之机就近去看热闹，放飞心境。而不同的一是带着任务去“逛”：老年人借“逛”去购农具和办红白喜事的用品；年轻人借“逛”去购衣物；孩童们借“逛”去购玩具。二是纯粹的以游玩悦心为目的。

庙会游乐的项目大致可分观看戏剧、欣赏杂艺、游山玩水、品尝小吃、购物添具、探亲会友等。

一个山乡庙会的举办，可以让常年窝憋在山区的人们掰着指头盼几个月，甚至一年。应该说他们对庙会关注的兴头比盼大年都要强烈好多倍。正是庙会上异彩纷呈、雅俗共赏的氛围，以及极具特色的小吃、小工艺品、杂耍、演出等吃、喝、玩、乐、购的形式和内容，引起了老、中、青、幼的极大兴趣，才使民间传统庙会更具吸引力、生命力。近年来，人们对于庙会上派生的现代时尚元素更加青睐，使得传统庙会比起以往更具吸引力。所以，才让人逛不够、看不够、吃不够、玩不够、乐不够。

在中原地区，庙会除给人们提供了游乐的机会让人们的心灵得到一次充分放飞外，更重要的是让人们的心灵得到了慰藉，枯燥的劳动情调得到了调整，精神得到了享受，丰富了精神生活，激励了劳动热情。目前，充满着现代气息的传统民间庙会已经成为广大农村盛况空前的“狂欢节”。

◯庙会上专设的福门迷宫游戏

○人们纷纷赴庙会赶会的情形之一

○人们纷纷赴庙会赶会的情形之二

○人们纷纷赴庙会赶会的情形之三

○人们纷纷赴庙会赶会的情形之四

○人们纷纷赴庙会赶会的情形之五

◯每个庙会上都设置了庙会活动一览表以方便群众了解庙会活动安排

◯每个庙会上都动用了大量警力和消防官兵维持秩序以确保群众游玩安全

◯庙会上专设的风铃桥给人们带来了无限的吉祥和乐趣。图为人们欢乐过风铃桥的情形之一

◯图为人们欢乐过风铃桥的情形之二

◯图为人们欢乐过风铃桥的情形之三

◯传统的捏面人工艺为逛庙会的人们带来了无限情趣

◯人们在庙会上选购气球以添兴致

○人们在庙会上的临时游乐园游玩

○人们在庙会上玩投球游戏

○人们在庙会上玩跷跷板游戏

○人们在庙会上玩破迷宫游戏

○人们在庙会上玩斗牛游戏

◯庙会上的临时水上游戏

◯庙会上的坐飞机游戏

◯庙会上的玩狗游戏

◯庙会上别具含义的飞刀游戏

◯庙会上的骑马游戏

◯庙会上的海龟展览

◯庙会上的驯蛇表演

○观看顶技表演

○人们边逛边购买食物和泥泥狗助兴

○庙会上的敲竹筒游戏

○街两旁挤满了看热闹的群众

○人们在庙会上穿行游玩好不快乐

庙会上夜晚的活动更加引人入胜

庙会上的灯会为庙会的夜晚平添了许多热闹气氛

庙会上的天旋地转游戏

庙会上临时搭建的供人们参观的人造鬼城

庙会上的旋转秋千游戏

庙会上的旋转木马游戏

◯庙会上的套圈游戏之一

◯庙会上的套圈游戏之二

◯庙会上的套圈游戏之三

◯庙会上的钓鱼游戏

○大型庙会的舞台斗狗表演

○小型庙会的平地斗狗表演

○庙会上的斗羊表演

○庙会上的狗拉车游戏

○庙会上的斗鸡表演

○庙会上的赶春牛游戏

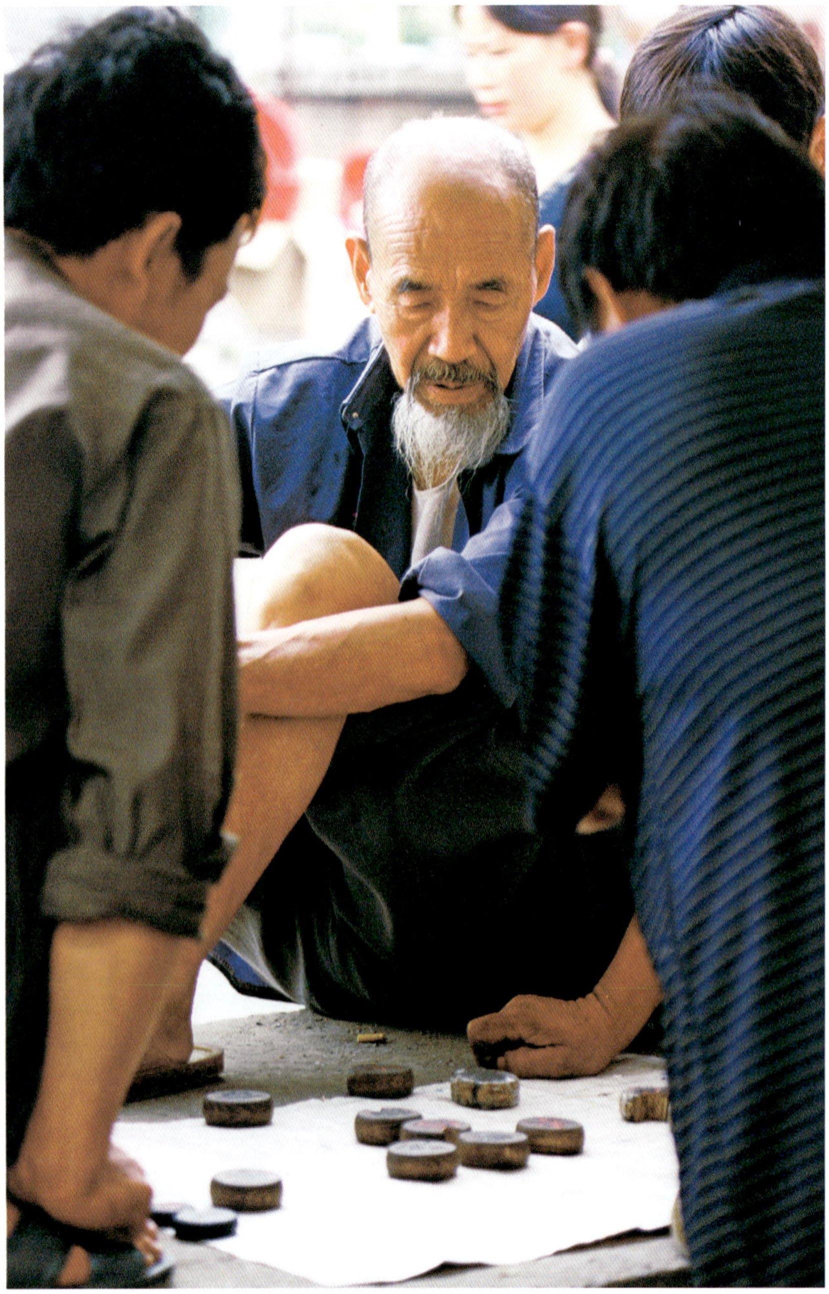

庙会上的破棋局游戏

耍猴人手牵猴子在庙会上招揽生意

庙会上的耍猴表演

在开封翰园二〇一三年农历正月初一至二十二的庙会上，为了弘扬传统文化，专门让工作人员扮成特型人物进行活体雕塑展示。图为卖冰糖葫芦者

图为展示宫灯者

图为展示开封盘古艺术者

图为展示修锁工艺者

在每年农历正月初一至二十二的开封万寿山庙会上，都会推出一些别出心裁的活动。图为二〇一三年的庙会上，工作人员扮成开封府捕快在庙会上巡游，以彰显包公精神

在庙会上身穿盛装留影也是一件开心事

庙会上的射气球游戏

庙会上的街舞表演

逛庙会的游客边逛边津津有味地吃糖画

乘着马拉传统轿车逛庙会

人们坐着马车吃着甜瓜逛庙会好不惬意

逛庙会的群众聚集山头饱览山区风光

逛累的人们坐在山头上品味小吃少憩

庙会临时限制了进入城内交通。逛累的人们坐在红绿灯座上休息

第六章　庙会工艺

庙会文化的斑斓还有一个重要因素，在于庙会工艺的大量融入。可以说，庙会工艺是民间庙会的重要元素，是成就庙会吸引力的重要因素之一。

在中原地区庙会上，经营的系列工艺品主要有以下十六种：一种是金银饰品。全部为民间手工艺制作，虽然有的没有大商场卖的机械生产的那么精美，但都是真材实料，纯民间传统手工艺，笨拙中透着厚重的传统文化，显示着传统民间工艺的特殊艺术性和工艺价值，这种特殊风格和艺术价值也是机械生产的工艺品无法比拟的；第二种是铜制品，这类制品多为传统手工艺制作的铜茶壶、铜酒具、铜暖壶、铜帘子钩、铜帐幔钩、铜铃、铜镜子等；第三种是铁制品，这类制品多为传统手工艺制作的铁锨、铁锄头、铁镢头、铁斧头、铁镐、铁钻、铁出粪叉、铁耙子、铁犁铧、铁铲子、铁烧馍杈、铁火棍、铁锅、铁篦子、铁锅铲、铁瓢、铁漏勺、铁火铳、铁大木钉、铁铡刀、铁肉钩、铁称钩、铁秤锤（秤砣）、铁上马蹬、铁纺花车锭子及刀、剪、锥子、顶针、门环、锁、拉手、链子和箱、桌、柜等用具上的拉手等等。另外，还有牛鼻子上的牛鼻具和马、骡、驴蹄子上用的铁蹄掌等；第四种是铝制品，这类制品多为民间手工制作的锅、盆、壶、勺、铲、瓢等生活用具；第五种是编织品，这类工艺品大致可分四大类：一是芦苇类。这类编织品主要有苇席、苇粮食圈、苇床围子等。二是竹编类。这类编织品主要有竹篮、竹筐、竹筛子、竹袖珍盒、竹针线盒等。三是条编类。这类编织品的用料分白腊条、柳条、刺槐条、荆条等，编织品涉及农家生产、生活的方方面面，有手推车上用的车筐、挑东西的箩头和筐、扛东西的篮子、装禽类用的笼子、放物品用的小筐等等。四是草编类。这类编织品用料多为麦秆、高粱秆和青苇叶等，主要编织品有衣帽盒、针线盒、首饰盒、坐垫、盆盖等，近年来又出现了一种用植物叶子编制的螳螂、蜻蜓等草禽类、昆虫类工艺品；第六种是木制品。这类制品主要有桌、椅、床、柜、凳、

◯庙会上的剪纸工艺

◯庙会上的泥泥狗销售

箱、盒及一些生活用品等；第七种是扎类。这类制品主要有用谷类、竹类、草类及一些成熟后的田禾秆扎的制品，这类制品主要有笤帚、炊帚、扫帚等；第八种是穿类。这种制品主要是用秸秆穿成的各种盒、盘、篓、篮、盆盖、筐盖等；第九种是缝类。这类制品主要有布老虎、猫头鞋、虎头鞋、布娃娃等，其中以布老虎最为盛行，在豫北各大庙会上，几乎无一没有这类工艺品的；第十种是绣类。这类制品几乎包罗生活的方方面面，如绣鞋、绣围裙、绣荷包、绣挂图及婚装、寿装等等；第十一种是烧制品。这种制品分陶和瓷两类，主要制品有盆、罐、碗、盘、壶、陶玩具、陶人等，其中最出名的是淮阳的泥泥狗，历年来都是淮阳庙会上一道特殊的风景线；另一种是瓷“叫吹”，其形状有鸡、鸭、鹅、猫、狗等等，是广布于中原地区各大小庙会上的一种传统玩具，价廉物美，小巧精致，玩时里面灌上水，吹起来用力不大而声音宏亮并带韵；第十二种是雕类。主要有玉雕的各类首饰、佛像、装饰品和石雕的生活用品及建筑品等；第十三种是吹类。主要有吹糖人、糖十二生肖、糖观赏品等；第十四种是绘类。主要有手工彩绘美术品和传统糖绘食用品等，第十五种是毛皮类。这类工艺品大多用狼、狗、狐、猫、兔等动物的皮毛制作，主要工艺品有毛兽玩具、毛娃娃玩具、毛吊坠、毛摆设艺术品等；第十六种是葫芦类。这类工艺品主要有用各类葫芦字、葫芦画等。当然，除这十六种外，还有很多很多，这里只能择其主要，其它就不一一赘述了。

以上这些工艺品涉及人们日常生产、生活的方方面面，是中国劳动人民智慧的结晶，也是我国民间艺术的瑰宝，是经过我国劳动人民几千年来的不断创造、完善、发展传承下来的。其中不少作品已远销海外市场，为我国赚回了不少外汇，创造了不少财富。有的已成为国内外人们青睐的艺术品和收藏品，如淮阳的泥泥狗已享誉海内外，并被列入我国非物质文化遗产名录。

○淮阳太昊陵庙会上的泥泥狗展销成了一道亮丽的风景线。据传这里的泥泥狗是人祖伏羲造人后又捏的，具有入井或熬茶喝有医病、防病之功效，所以来这里赶庙会的人们都喜欢带几个回去

○图为人们在淮阳太昊陵庙会上选购泥泥狗的情形

淮阳太昊陵庙会上的布娃娃造型别致，做工精细独具特色，深受人们的喜欢。图为淮阳太昊陵庙会的布娃娃销售情形之一

图为淮阳太昊陵庙会的布娃娃销售情形之二

图为淮阳太昊陵庙会的布娃娃销售情形之三

○庙会上的捏面人工艺历传不衰，越来越受群众欢迎

○捏面人技艺在庙会上越传越精

○庙会上的捏面人作品年年都能推陈出新

○庙会上的吹糖人工艺历来都深受群众欢迎

○吹糖人技艺在各大小庙会几乎成了庙会符号

◯糖画技艺遍布中原地区各大小庙会

◯庙会上的毛毛兽工艺也广受群众青睐

◯庙会上的毛制品工艺同样深受群众喜爱

◯葫芦刻画工艺之一

◯葫芦刻画工艺之二

◯葫芦刻画工艺之三

◯捏泥人技艺多见于城镇庙会

农村老大娘在庙会上边做边售手工猫头鞋

用于服装饰品的兔皮皮条仍有一定市场

老艺人展销绣球制作工艺品

◯游客在庙会体验年画印刷技艺

◯庙会上的剪纸工艺也广受群众欢迎

○庙会上的琉璃咯嘣玩具一向很受欢迎

○庙会上的刀笔作品展销

○庙会上的微形刻字工艺

○农民们扛着自家制作的工艺品在庙会上销售

○老艺人手拿手工艺品货架穿行于庙会会场

○传统的手工艺品在庙会上倍受欢迎

○庙会上如今依旧保留着传统的木雕玩具

○庙会上的小工艺鼓销售

○庙会上的木工艺品销售

○传统的手工星秤工艺品仍有一定市场

○销售传统的手工艺乐器

◯农民在庙会上出售柳编农具

◯老农在庙会上自编自售条编农具

◯豫东地区的柳编工艺品总能在庙会上占据一定份额

◯条编筐在庙会上几乎逢会必见

◯老农肩挑自编的条篮在庙会上销售

◯豫西地区庙会上多见的白腊条、荆条编制品

◯豫东地区庙会上的条编用品依然深受欢迎

◯庙会上的竹编用品丰富多彩

庙会上的木艺生活用品销售之一

庙会上的木艺生活用品销售之二

庙会上的木艺生活用品销售之三

在豫西地区仍保留着传统的扎笤帚工艺

手工制作的笤帚、炊帚农村群众仍喜欢用

苇席在豫西庙会上仍有不小市场

出售传统条编簸箕

竹编耙子目前仍很受农民欢迎

麦秆编的草帽目前仍很受山区群众欢迎

○传统铁工艺品销售车在豫东庙会上穿行

○豫北地区卖铁制手工艺品的方式多是推车游售

○豫西地区在庙会上销售铁工艺品多是摆在地上

○豫西地区庙会上的铁工艺品销售

庙会上的玻璃工艺品销售

庙会上的花枪工艺品销售

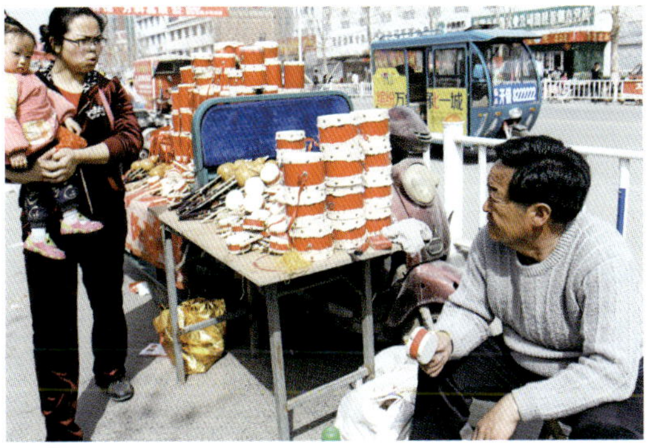

庙会上的手工小鼓销售

庙会上的传统工艺鼓销售

现场制作银货

传统的银货销售很受群众欢迎

现场进行玻璃球内壁绘画艺术品展销

○手工线织工艺品也走上庙会市场

○剪纸艺人在庙会上销售各色作品

○庙会上的传统手工扎花工艺品销售

○传统的草编技艺在庙会上总能受到青睐

○小饰品备受女孩子喜欢

◯庙会上的鬼脸销售之一

◯庙会上的鬼脸销售之二

◯庙会上的工艺品销售

◯庙会上的狐脸销售

◯充气娃娃工艺品在庙会上备受孩子欢迎

◯庙会上的气锤销售

◯庙会上的气吹工艺品销售

◯庙会上的剪花工艺品销售

◯庙会上的传统瓷制哨吹销售

◯庙会上的版画展销

◯出售鸡毛工艺品

◯庙会上的绳编工艺品销售

◯庙会上的鼻吹工艺品销售

出售春节用品

小工艺大招牌

庙会上的布娃娃销售

第七章　庙会杂记

庙会杂记也是庙会上群众欢迎的内容之一，它们极具传统文化色彩，往往以原汁原味、极具地方特色和文化个性受到群众喜欢。

一是它体现了一个“古”字。其中的一些活动形式是历朝历代传承下来的，如一些借吹火、武功、游戏招揽群众进行物品销售的形式就倍受群众欢迎，人们欢迎它并不是欢迎他们这种别具用心的销售形式，而是喜欢他们的绝技演出。其实对于他们这种销售形式，多数群众是抵制和警惕的，每每到这些小商贩（俗称卖当的、卖假药的）表演结束开始销售东西时，群众都会一哄而散。

二是它显示了一个“趣”字。其中不少形式平时在街面上很少见到，只有庙会这一场合才能看到。如包公称、古工艺品销售、独具特色的表演等。

三是它反映了一个“实”字。如其中的传统工艺剃头、拔牙、出售医用秘方等形式，都是为收入偏低且追求实惠的农民提供的服务平台。

四是它表现出一个“奇”字。庙会上很多传统绝技表演都表现出一个奇字。如杂技表演，我们在正规剧场很少能够看到的东西，在庙会上都能一一看到，如蹬刀山、负重赤脚站钢刀、钢筋缠脖子、钢筋缠脖子拉轿车、铁锤砸人肚子等。

五是它包含了一个“全”字。“逛庙会”之所以能引起人们“逛”的强烈兴致，其中重要一项就是庙会上万象纷呈的一种景况，使你始料不及、情趣叠起。如扮名人表演、耍赖、香客们如醉的各种形式演论、反串表演、杂项展演等。

当然，对于庙会上的现象，我们应该全面去看待，对于一些社会糟粕，我们应当抵制、批判和取消；对于其中一些有改造价值的形式，我们应该加以引导和改造；对于大量优秀的传统文化，我们应该采取有效措施予以保护、扶持和传承。

◯香火会的姐妹们聚在一起谈古论今

庙会上的传统剃头情形之一

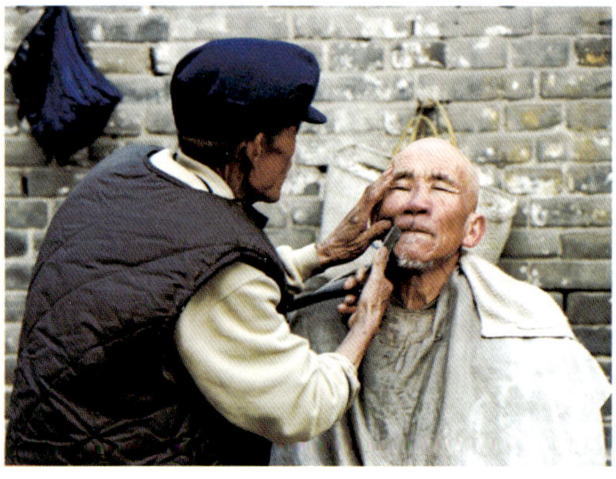

庙会上的传统剃头情形之二

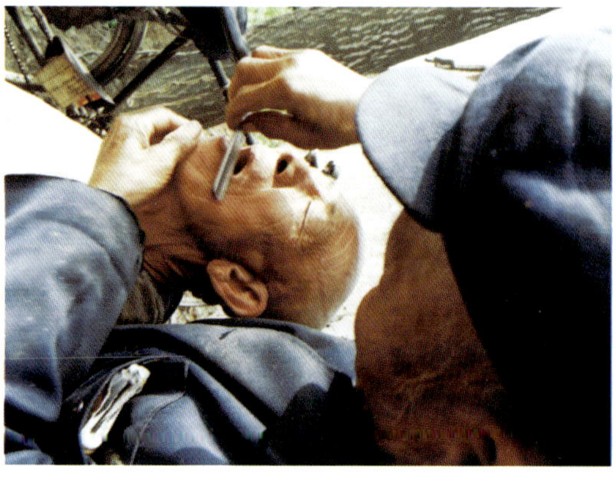

庙会上的传统剃头情形之三

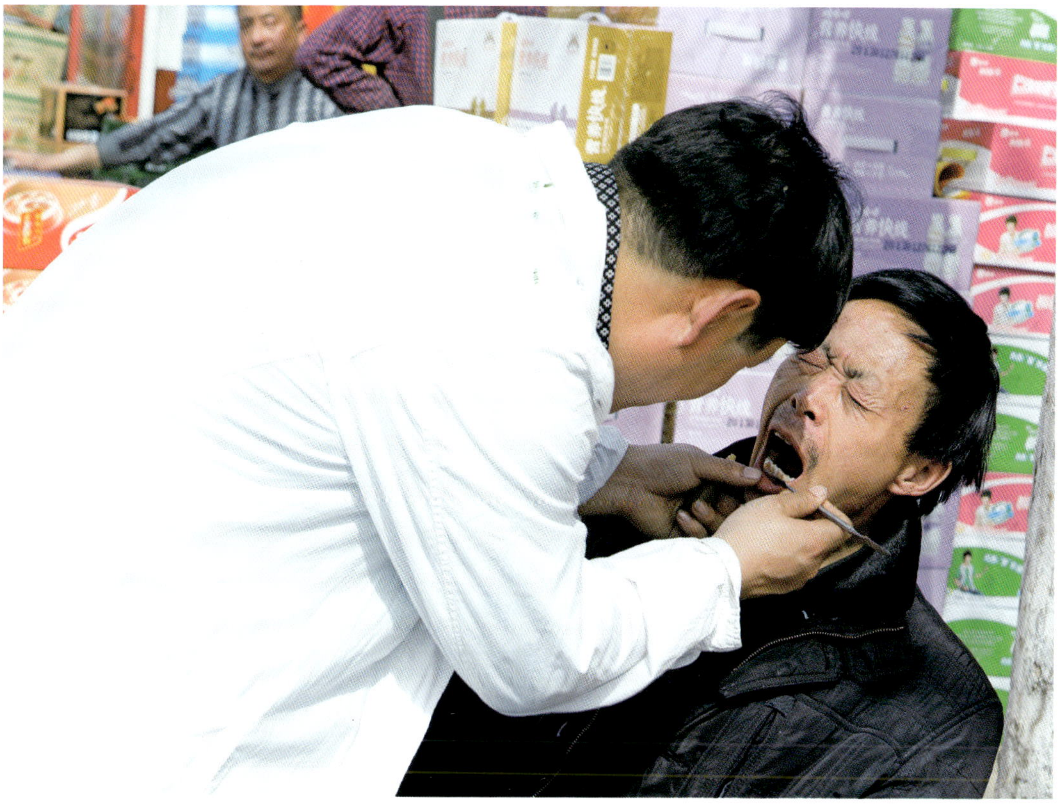

○庙会上的传统拔牙法之一

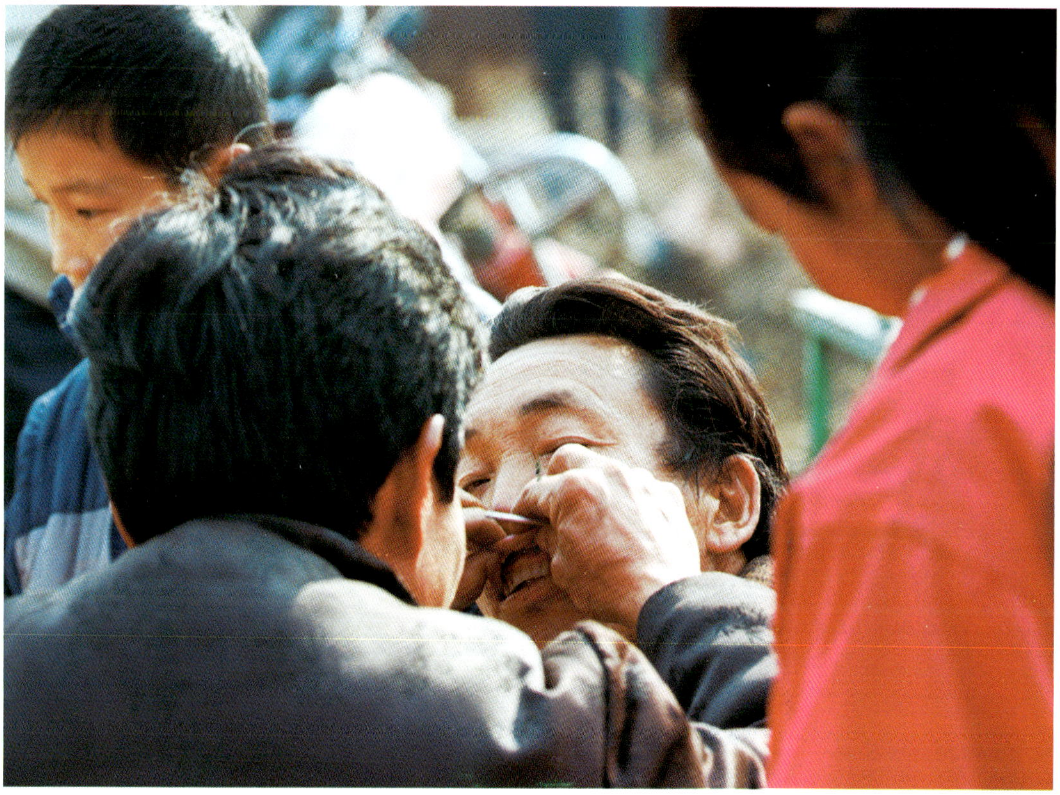

○庙会上的传统拔牙法之二

◯轿艺表演之一

◯轿艺表演之二

◯轿艺表演之三

◯轿艺表演之四

◯轿艺表演之五

◯轿艺表演之六

◯气功表演之一

◯气功表演之二

◯气功表演之三

◯气功表演之四

◯庙会上的喷火表演

◯庙会上的地摊魔术表演

◯古董商也瞅准了庙会的商机

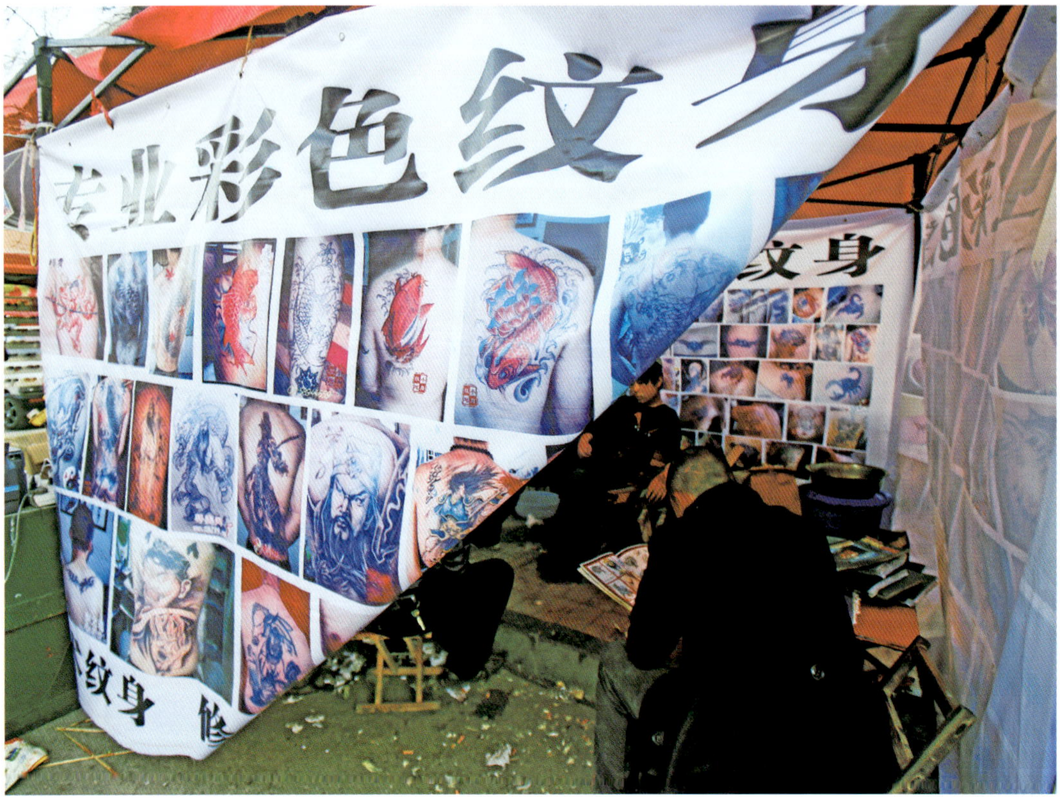

◯庙会上临时搭设的纹身场所

〇制作包公秤在庙会上巧赚钱

〇庙会上至今还保留着传统的卖灭鼠药行当

〇每年农历三月初三的开封禹王台庙会上，都要推出一些新的活动形式，以招徕游人。图为二〇一二年该庙会上推出的演员扮演蒋介石和宋美龄一起游园的活动

◯在至今的庙会上，还仍旧保留着卖当行当，人们明知这是骗人的勾当，但还是乐于近前看热闹。图为庙会上的卖当情形之一

◯图为庙会上的卖当情形之二

图为庙会上的卖当情形之三

图为庙会上的卖当情形之四

庙会上的赌博情形之一

庙会上的赌博情形之二

◯庙会上的医病情形之一

◯庙会上的医病情形之二

◯庙会上的医病情形之三

◯庙会上的医病情形之四

○庙会上信徒的即兴发功

○开光

○制售桃符

◯算卦活动之一

◯算卦活动之二

◯算卦活动之三

◯算卦活动之四

◯算卦活动之五

◯算卦活动之六

◯算卦活动之七

低价招揽生意

杂艺表演

特技表演

◯耍笑的反串表演

◯特型演员表演

◯舞蹈表演

◯杂技表演

◯录像演出

○庙会上的仪器算命之一

○庙会上的仪器算命之二

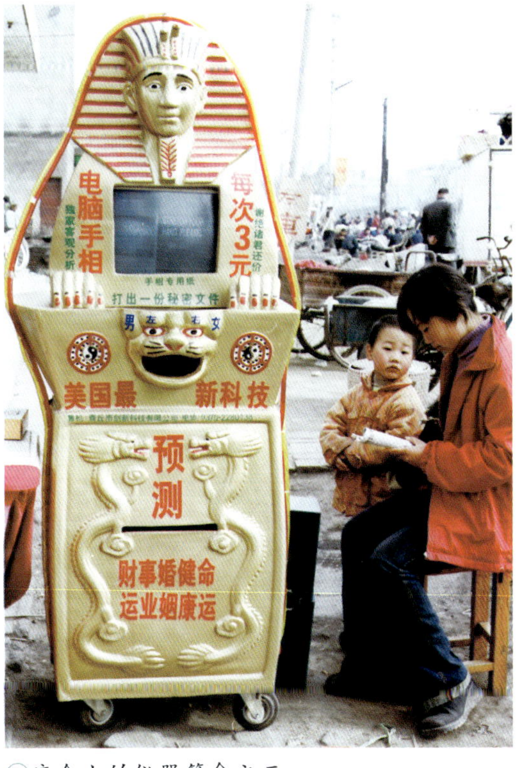

○庙会上的仪器算命之三

○看相起痣

◯香客们自发在庙会上传经论道之一

◯香客们自发在庙会上传经论道之二

◯香客们自发在庙会上传经论道之三

◯香客们自发在庙会上传经论道之四

◯香客们自发在庙会上传经论道之五

◯香客们自发在庙会上传经论道之六

◯装神弄鬼的演义在庙会上仍异常活跃

第八章 庙会小吃

庙会之所以诱人，其中庙会上的各色小吃也是吸引人们前往的一个重要因素。

在中原地区庙会上，庙会小吃的种类极为丰富。一是中原地区是我国传统文化积淀最久远、最深厚的地区之一，历代饮食文化及品种对它影响深远；二是这一地区是我国建都时间最早、最多、最长的地区，历代宫廷佳肴对这里的影响和渗透较深、较广；三是中原地区位居我国的交通枢纽位置，四方饮食文化对这里的影响较早、较广、较大，这里汇聚、入驻、嫁接改造的品种也最多。

在中原地区庙会上，目前流行的主要美食有：炒凉粉、拌凉粉、水煎包、小笼包、炸油条、炸油角、炸糖包、炸麻花、炸麻饼、炸油批、炸油杠、炸丸子、圆形火烧、长形火烧、发面火烧、烫面火烧、油旋火烧、油炸火烧、油煎火烧、芝麻盖火烧、蒸花馍、蒸花糕、蒸枣山、蒸窝窝头、蒸面刺猬、蒸面龙、蒸面蛇、蒸面兔等十二属相、豌豆糕、江南粽子、糖葫芦、捞面、烩面、饸饹面、刀削面、阳春面、担担面、汤面、炸酱面、油泼面、龙须面、绿豆面、黑豆面、杂面（二三十种粮食及食材合磨的面）、炒菜、炖菜、涮牛肚、拌凉皮、炒凉皮、卤猪下水、卤牛肉、卤羊肉、卤兔肉、卤鸽子、卤鹌鹑、卤甲鱼、卤鸡肉、卤鸡蛋、垛子羊肉、垛子牛肉、垛子兔肉、煮汤圆、烤全羊、灶王饺子、道口烧鸡、白斩鸡、江米蛋、竹筒米饭、蒸米饭、印度米糕、炸臭干子等，真是应有尽有，数不胜数。

在中原地区的庙会上，同一种小吃各地的做法各有区别。比如炒凉粉，在新密地区

卖河南名吃烩面

是切成方片状进行煎炒，而在郑州市区则以泥状进行煎炒，到了开封及豫东、豫北地区就变成了方块状。再如江米蛋（即爆米球），在豫西、豫北、豫东都为单个状，而在豫南地区则把米球一个一个串起来，形成串串状，在庙会上穿行叫卖，甚是吸引人眼球。

在小吃种类的分布上，中原不同地区的庙会，小吃品种也各有侧重。豫东以炖菜、火烧为主，豫南以面条、米粉、窝窝头为主，豫西以炒凉粉、水煎包、熬丸子汤、炸油批、炒米皮、凉拌米皮、面条等各色简单的成品食物为主，豫北以各类面食和杂食为主，豫中地区则以各类丰富的小吃为主，包罗面宽，品种较多，这都与各地的经济条件和人们的饮食喜好有关。

综观中原地区庙会小吃的情况，存在着三大问题需要加强：一是要注重保护和传承。对一些濒临绝迹的稀有传统品种，要加以研究、保护、传承。如新密市超化街上的康家、晁家豆腐脑，其传统工艺和特殊用料就值得研究、挖掘、传承、推广，不要说走遍新密市，即使走遍郑州、开封等地，像超化豆腐脑那样的品质和口感也找不到；再如新密市老城的桑振清丸子，已传承200余年历史，但至今仍保留着原始的传统风味，深受广大群众喜爱；另如豫北地区的饸饹面，目前有不少地区仿造，就连郑州市不少大饭店也上了这一品种，但多是形式像而质地不像，均忽视了工艺、风味和特色，其口感自然相去甚远。二是要注重交流推广。河南民间小吃要通过庙会这一平台进行大交流、大推广，以使河南民间小吃传扬各地，服务各地群众。这就需要相关组织引起重视，采取有效措施向各地进行推广。三是要注重管理升级。目前，中原各地的庙会小吃存在着一个通病，即缺乏管理。我们要对它们进行改造和管理，使它们普遍升级。这一问题重点表现在三个方面：一方面是取缔目前过土过于简单的操作平台和用具，使其在尽可能保留传统风格的基础上改造提高，在操作外部环境形象上大幅度改观；第二方面是人员素质要整体提高，要对他们进行从业教育，提高他们的服务意识，从穿戴到仪表，从服务程式到态度，都要注意提高自身形象、地区形象和文明形象，革掉穿戴随意杂乱、旧商贩意识浓厚的弊端和陋习；第三方面是注意卫生，要提高从业人员的卫生意识，从选料到保存，从程序到加工，从桌凳到餐具等等，都要环环紧扣卫生关。每个庙会的管理人员不仅要注重管秩序，也要注重管小吃经营，要确定专门人员对这一领域的管理，从方方面面严格把关，确保小吃的质量和卫生。使小吃小的可爱，小的特别，让大家吃的可口，吃得放心，吃得舒心，吃出好心情。

◯穿会叫卖河南名吃江米蛋（大米球）

○庙会上的临时饭摊之一

○庙会上的临时饭摊之二

○庙会上的临时饭摊之三

○庙会上的临时饭摊之四

○庙会上的临时饭摊之五

◯庙会上的小吃摊

◯卖烤饼

◯卖梨膏糖

◯卖烤羊肉串

◯在道口庙会上随处可见出售道口地方小吃黄龙菜的摊位

◯在每年农历三月十八日的内黄二帝陵庙会上，为体现天下华人一家亲，专门兴起了一个万人同吃一锅饭的习俗。图为内黄二帝陵庙会上来自海内外拜祖赶会的人们同吃一锅饭的情形之一

◯内黄二帝陵庙会上万人同吃一锅饭的情形之二

◯内黄二帝陵庙会上万人同吃一锅饭的情形之三

◯内黄二帝陵庙会上万人同吃一锅饭活动的厨房做饭情形之一

◯内黄二帝陵庙会上万人同吃一锅饭活动的厨房做饭情形之二

◯卖饸饹面之一

◯卖饸饹面之二

◯卖饸饹面之三

◯在卖饸饹面摊位现场制作饸饹面面粉之一

◯在卖饸饹面摊位现场制作饸饹面面粉之二

○卖炒凉粉之一

○卖炒凉粉之二

○卖炒凉粉之三

○卖油炸大麻花

○卖油炸盘麻花

◯卖棉花糖之一

◯卖棉花糖之二

◯卖棉花糖之三

◯卖棉花糖之四

卖水煎包

在内黄二帝陵庙会上，出售内黄特产血肠的摊位处处可见

◯卖火烧（烧饼）之一

◯卖火烧（烧饼）之二

◯卖火烧（烧饼）之三

◯卖火烧（烧饼）之四

卖大饼之一

卖大饼之二

卖大饼之三

卖浚县地方小吃壮馍

卖新疆馕

卖花生饼

卖子馍

卖枣夹馍

卖枣窝窝头

卖江南竹筒粽子

卖粽子

〇卖糖葫芦之一

〇卖糖葫芦之二

〇卖糖葫芦之三

〇卖糖葫芦之四

卖烤红薯之一

卖烤红薯之二

卖烤红薯之三

卖元宵

卖拉面

卖多串江米蛋（大米球）之一

卖多串江米蛋（大米球）之二

卖多串江米蛋（大米球）之三

◯卖烤鱿鱼

◯卖臭豆腐

◯卖朝鲜打糕

〇卖地梨（荸荠）、菱角

〇卖甘蔗

〇卖清真食品

〇卖糯米夹心糕

〇卖垛子牛肉

第九章　庙会亲情

自古以来，庙会传承了一个特殊的文化现象，即亲情表达。

一直以来，人们只要一提到庙会，方圆五里三乡、十里八村，甚至二三十里的群众都会想到到庙会举办地串亲戚，而且都特别重视和积极。因由有三：一是可以借串亲戚赶庙会，到庙会购物、游玩、猎奇、看热闹等；二是可以会亲友。在庙会举办期间，庙会所在地的七大妗子八大姨都会前来赶会，这样亲戚连亲戚的人家都会同时在一起见面，大家借串亲戚之机欢聚一堂，拉家常、叙友情、谈发展、诉衷肠，好不开心，好不快乐；三是广交朋友。目前的庙会，已改过去纯亲情元素，融入了很多社会元素，如同事、同学、战友及一些家在庙会所在地的领导的下级，其中不乏头面人物，大家借庙会之机聚在一起品茶饮酒，天南地北海侃，很快就打破僵局成为熟人，于是就开始递名片、记电话、拉近乎，从而上升为朋友关系。

在其特点上，大致也表现在三个方面：一是参与广。二是含意多。凡来借机赶庙会串亲戚的，其目的大致有三种，一种是借机前来赶赶庙会，一起聚聚玩玩欢乐一番，以取乐、助兴、捧场为目的；第二种是借机联谊，以庙会为媒，增进友情；第三种为办事而来，平时找领导不方便，而庙会之时携礼物来捧场“探亲”，笑脸前来，领导也不便剥面子，有效提高了办事效果；三是功能大。有些聪明的乡下人，瞅紧这一良机拉关系，他们先在来宾中看端的，对其中一些头面人物，突击拉关系，有些当场趁酒兴就能把事敲定，如给孩子找工作、找发家致富项目等。

在庙会到来之机，庙会所在地的群众，都把庙会当成一个最隆重的节日来看待，重视程度远远超过过大年。因为一是平时沉静的家乡顿时热闹起来，心情兴奋；二是四方的宾朋都来助兴、捧场，满足了虚荣心的需要。所以家家户户在庙会到来之前早早就开始了准备，杀猪宰羊、购烟买酒，都想纵情欢乐一番，放松一番。不少家庭还专门请来厨师或流动酒店前来做饭招待客人，远远超越了传统节日的接待规格。

房屋紧张的农户干脆把餐桌摆在当院招待客人

◯在庙会举办地沿途摆设的供趁赶会串亲戚的人们购买礼品的货摊之一

◯在庙会举办地沿途摆设的供趁赶会串亲戚的人们购买礼品的货摊之二

○外乡群众到庙会所在地串亲戚路上的情形之一

○外乡群众到庙会所在地串亲戚路上的情形之二

○外乡群众到庙会所在地串亲戚路上的情形之三

○外乡群众到庙会所在地串亲戚路上的情形之四

◯外乡群众到庙会所在地串亲戚路上的情形之五

◯外乡客人齐聚庙会所在地的亲戚家欢聚的情形之一

外乡客人齐聚庙会所在地的亲戚家欢聚的情形之二

庙会上巧遇的老姐妹在一起畅叙

◯老姐妹在庙会上畅叙

◯老姐妹在庙会上巧遇

◯老哥俩在庙会上畅叙

○庙会所在地的群众专门请来厨师为客人做饭的情形之一

◎庙会所在地的群众专门请来厨师为客人做饭的情形之二

◎庙会所在地的群众专门请来厨师为客人做饭的情形之三

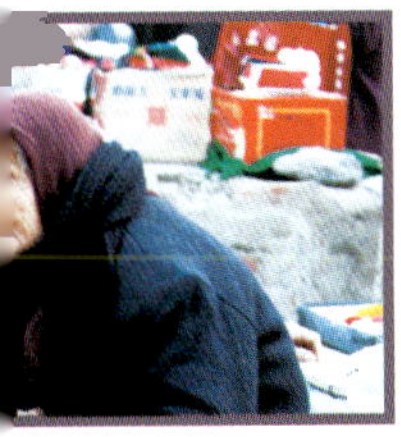

◯庙会所在地的群众专门请来厨师为客人做饭的情形之四

◯庙会所在地的群众专门请来厨师为客人做饭的情形之五

◯庙会所在地的群众专门请来厨师为客人做饭的情形之六

◯主人正在为客人端饭的情形之一

◯主人正在为客人端饭的情形之二

◯主人正在为客人端饭的情形之三

○赶会的客人正在吃饭的情形之一

○赶会的客人正在吃饭的情形之二

○赶会的客人正在吃饭的情形之三

○赶会的客人正在吃饭的情形之四

○赶会的客人正在吃饭的情形之五

◯赶会的客人正在吃饭的情形之六

◯赶会的客人正在吃饭的情形之七

◯赶会的客人正在吃饭的情形之八

◯赶会的客人正在吃饭的情形之九

第十章　庙会广告

随着社会的发展，市场经济体制的不断完善，目前，人们的经济意识达到了前所未有的成熟。这一现象在庙会上也得到充分体现。目前庙会上的一些活动，已不再是过去传统的纯服务性，随着改革开放及市场经济建设逐步深入，近年来庙会上又出现了一种新的内容，即庙会广告。这类活动几乎渗透到庙会的方方面面。其目的多为宣传产品、招揽顾客。

其表现在以下几个方面：

一、舞台广告。目前在庙会上演出的戏班和剧团在“请”字上发生了根本变化，一改过去由会首和庙会筹备处请，而变为由厂家和商家请，厂商专门为宣传他们的产品、商品而请这些戏团来演出。其形式一是在演出现场处处设置宣传他们产品的广告牌；二是在舞台台口下方设置醒目的宣传广告；三是在舞台背景幕上设置产品广告；四是像电视台播放电视节目一样，在演到情节关键处及各场间隙时间，由演员穿着演出服装举着宣传产品、商品的广告牌到前台走场亮相。

二、平台广告。商家或厂家专门设置一些广告平台进行宣传。有的是搭台宣传，有的是搭设牌坊宣传，有的是制作主题宣传品宣传，还有的是在庙会上专门建立产品、商品宣传台、彩门、牌坊门，将产品、商品摆列其中，由工作人员手拿话筒利用高音喇叭进行现场宣传的。

◯庙会上横拉的广告条幅铺天盖地

◯滑翔机拉着广告在庙会上空飞来飞去

三、T字台宣传。不少商家、厂家还在庙会上玩起时髦，专门搭设T字台进行宣传。他们请来模特，穿上戏剧服装或时尚服装进行招徕性宣传。比如影楼，他们专门请来模特或让工作人员穿上戏剧服装和各色礼服在自己搭建的T字台上走猫步进行宣传，其效果尤佳。

四、搭载宣传。不少商家、厂家近年又把目光投向了民间文艺表演队，他们制作大量宣传商品、产品的醒目横额、匾牌，让文艺表演队队员在队列前高擎宣传，其收效也非常良好。

五、流动宣传。一些商家、厂家还专门组织宣传队伍在庙会上进行宣传。他们或组成专门队伍，统一服装、高举匾牌，或请来盘鼓队、腰鼓队在宣传队伍前开道，或组织摩托队开道进行声势浩大的宣传，其队伍少则二三十人，多则上百人，他们在庙会上穿来走去，反反复复亮相于庙会的角角落落，其宣传的广度超过其他宣传形式。

六、彩车宣传。有些大的厂家、商家为了提高宣传频率和效果，就专门组织来或租来各种车辆进行打扮装饰，在车身布置上宣传牌，在车上装上实物进行快速度、高频率宣传，其收效自然更为可观。

七、空中宣传。近一两年来，在庙会上又派生出一种新的广告宣传形式，即利用滑翔机和热气球宣传。一些实力强的商家、厂家租用大、中型滑翔机和热气球，悬挂宣传条幅，在庙会上空飘来飞去进行宣传，引起庙会会场内外的广泛关注，其新颖、轰动的宣传形式和效应，自然不言而喻。

八、印刷品宣传。在庙会上，不少中、小型商家、厂家和个体户则采用投资小的印刷品宣传，他们印制大量的商品、产品彩色宣传单在庙会上散发和发放。这样的宣传形式虽老旧，不及上述几种的声势，但张张广告落入大众手中，大家可以字字细看，张张传递，应该说这一形式的收效还是值得肯定、提倡的。

这些广告宣传，目前已成为庙会上一道亮丽的风景线，它不仅是市场经济的产物，同时也是人们经济意识提高的象征，也更加说明了民间庙会的强大宣传功能。这一现象已经由开始的受群众排斥和批评，而慢慢变成被群众所习惯和接受。

◯演员们趁演出间隙高举广告牌走场

◯搭设T字台利用模特在庙会上做广告

近年来一些大型庙会又兴起了滑翔机热气球广告

庙会上临时张贴的广告之一

庙会上临时张贴的广告之二

依山坡布置的广告

特制的裤型广告

惹人注目的啤酒广告

◯彩车广告之一

◯彩车广告之二

◯彩车广告之三

◯彩车广告之四

◯彩车广告之五

○各色广告拉满庙会现场的上空

○庙会上的汽车展销之一

○庙会上的汽车展销之二

○庙会上的汽车展销之三

○别出心裁的广告引人注目

○影楼也不放过庙会这一推介机会

○庙会上的转车广告

◯房地产开发商也瞅准了庙会这一宣传机会

◯一些学校也走上庙会做广告

◯利用农村乐鼓队做广告

◯农村合作社利用庙会推介山产

◯在庙会上发放广告传单

◯大型厂家也不放过庙会这一推介产品的商机

◯利用庙会活动主题做广告

◯庙会上的声图并用广告

◯庙会上的地面广告之一

◯庙会上的地面广告之二

◯庙会上就汽车车身搭设的牌房门广告

◯固定的随车高架广告

◯庙会上的充气广告之一

◯庙会上的充气广告之二

◯庙会上的充气广告之三

◯庙会上的充气广告之四

◯庙会上的充气广告之五

◯庙会上的充气广告之六

◯贴有广告的出租三轮车在庙会上穿行格外醒目

◯厂商们专门组织的宣传队高举广告牌在庙会上穿行

广告宣传员甜笑如蜜

在庙会上举牌广告随处可见

庙会上的标牌广告

○武装押运行业也走上庙会街头作展示

○醒目的广告在庙会上形成一道亮丽的风景线

◯军乐队也成了广告载体

◯庙会上的横额广告之一

◯庙会上的横额广告之二

◯街头的横栏也成了布置广告的依托

◯利用舞台台口做广告

◯利用气功表演做广告

附录

河南省重点庙会会谱

（会期时间均为农历，个别以阳历定期的有特注）

月	日	会名、会址	天数
正月	初一至二十二	开封万寿山翰园庙会	
	初一至二月初二	浚县城浚县庙会	一个月
	初一	商丘市南火神台庙会	15
	初一	南阳市镇平贾宋大王庙会	1
	初一、十五	孟津县白云观庙会	各1
	初六	新乡市北浚县庙会	10
	初七至初八	巩义市玉晨观火神大会	2
	初七	商丘市阏伯台火神庙会	15
	初八	洛阳市龙门会	1
	初八	周口市淮阳县董阁庙会	3
	十二至二十	西华县聂堆乡思都岗女娲城庙会	9
	十三	洛阳市关林关公庙会	3
	十三至十五	宝丰县马街书会	3
	十三至十七	南阳市南召县南河店火神庙庙会	5
	十五	南阳市镇平县贾宋火神庙庙会	1
	十五	社旗县山陕会馆庙会	1
	十五	洛阳市白马寺和尚会	1
	十六	商丘市南陈洼庙会	3
	十八	濮阳市古瑕丘大会	1
	二十	商丘市南湖乡南湖庙会	6
	廿四	南乐县仓颉陵庙会	1
	廿三至廿五	南阳市南召县鸭河库区古会	3
	廿九	洛阳市大石桥会	1
二月	初一	虞城县沙岗店庙会	3
	初二至三月初三	淮阳县太昊陵庙会	30

续表

月	日	会名、会址	天数
	初二	舞阳县营街庙会	1
	初二	项城市庙会	30
	初二	确山县玄都宫庙会	1
	初二	滑县庙会	4
	初四至初六	南阳市南召县李青店庙会	3
	初四至初六	南阳市南召县北寺光神庙庙会	3
	初五	宁陵县华宝堡庙会	5
	初十	驻马店市泌阳县庙会	5
	十一	虞城县沙岗店庙会	3
	十三至十九	南阳市南召县云岗镇庙会	7
	十四至十六	南阳市南召县土地庙庙会	3
	十五	上蔡县杨集乡庙会	5
	十五	襄城县首山风筝会	1
	十五	南阳市镇平县贾宋老君庙庙会	1
	十五至十七	鹿邑县老君台庙会	3
	十五至十九	故县菩萨寺庙会	5
	十六至十八	南阳市南召县老母庙庙会	3
	十七	鹿邑县枣集乡相人庄庙会	5
	十九	汝南县小南海寺庙会	1
	十九至廿一	南阳市南召县土地庙庙会	
	十九	潢川县观音庙庙会	1
	十九	新乡市百泉药都大会	10
	十九	开封市北长垣县老庙庙会	7
	十九	驻马店市汝南县城庙会	4
	廿三	商丘市南柘城县尚赛大庙会	5
	廿三	新蔡县佛祖庙庙会	5
	清明节	永城市东陈官庄古会	3
三月	初一	宜阳县盐镇庙会	1
	初一至初十	罗山县灵山寺庙会	10
	初一至十五	沁阳县二仙庙庙会	15

续表

	初一至廿八	郑州市城隍庙庙会	29
	初三	鲁山县磙子营东扁鹊庙会	1
	初三	方城县四里店庙会	1
	初三	林州市城西南十余里黄花寺庙会	1
	初三	宜阳县半城庙会	1
	初三	宜阳县韩城福昌阁庙会	1
	初三	新安县铁门镇王樵洞庙会	1
	初三	新郑市轩辕庙庙会	1
	初三	开封市禹王台庙会	1
	初三	扶沟县雾烟山庙会	3
	初三	襄城县百宁闵五岳庙庙会	1
	初三	周口市内龙王庙庙会	3
	初三	内乡县麦子山庙会	1
	初三	焦作市神龙潭庙会	5
	初三	确山县城老古会	15
	初三	洛阳市牡丹节花会	30
	初三	叶县七顶山庙会	1
	初三	南阳市独山庙会	1
	初三至初四	南阳市南召县中心垛庙坡祖师庙庙会	2
	初三至初七	沁阳县盘古山庙会	5
	初三至十五	沁阳市神农山庙会	13
	初三至四月二十	禹州市药材会	48
	初五	方城县拐河庙会	1
	初六	周口市淮阳县四通镇庙会	10
	初六	西平县吕店乡董桥村嫘祖庙庙会	1
	初七	鲁山县中汤庙会	1
	初八	鲁山县拣场庙会	1
	初八	嵩县谭头庙会	1
	初八至初十	鲁山县张良佛爷山庙会	3
	初九	方城县四里店划浆河庙会	1

续表

	初九	鹿邑县崔堂镇庙会	3
	初九	南阳市物资交流大会	5
	初九	方城县老馍庵庙会	1
	十一	鲁山县庙坡庙会	1
	十二	商丘市东南周集古会	4
	十五	伊川县鸣皋庙会	1
	十五	洛阳市玉皇阁庙会	1
	十五	虞城县龙台寺庙会	5
	十五	鲁山县程庄庙会	1
	十五至廿一	上蔡县白圭庙庙会	7
	十六至十九	鄢陵县兴国寺庙会	4
	十六至二十	舞钢市铁山庙会	5
	十八	鲁山县张良庙庙会	1
	十八	嵩县小豆沟佛爷庙庙会	1
	十八	登封市延秋龙池沟庙会	1
	十八至二十	舞钢市朱兰庙会	3
	十九	鲁山县张官营庙会	1
	二十	鲁山县青古寺庙会	1
	二十	永城市北芒山庙会	10
	廿一	西平县卢店庙会	1
	十八	内黄县城东南三杨庄颛顼、帝喾二帝陵庙会	1
	十八	叶县任店高营庙会	1
	廿二	舞钢市王店庙会	1
	廿一	商丘市西肋马乡各针庙庙会	10
	廿五	鲁山县姚神庙庙会	1
	廿六	虞城县消岗庙会	4
	廿七至廿九	荥阳市张村庙会	3
	廿八	鹿邑县倒城庙庙会	1
	廿八	新乡市城隍庙庙会	1

续表

	廿八	洛阳市泰山庙庙会	1
	廿八	鲁山县张良任店庙会	1
	廿八	方城县四里店泰山庙会	1
	廿八	嵩县田湖镇泰山庙会	1
	廿八至三十	中牟县城隍庙庙会	3
四月	初一	宝丰县观音堂龙兴寺庙会	1
	初一	方城县四里店庙会	1
	初一	鲁山县白向店庙会	1
	初一	嵩县旧县街城隍庙庙会	1
	初二	叶县城关张圪垱村庙会	3
	初三	嵩县黄庄街三官庙庙会	1
	初四	鲁山县董村庙会	1
	初四	西峡县寨根庙会	1
	初四	商丘市祭商星庙会	10
	初四	商丘市阏伯台庙会	1
	初四	舞钢市八台镇庙会	1
	初四	卫辉市比干庙庙会	1
	初五	灵宝市豫灵镇亚武山朝山拜祖会	1
	初五	叶县秋河庙会	1
	初五	嵩县南庄农具会	1
	初五	伊川县平等会	1
	初六至初十	南阳市尹店三皇姑庙庙会	5
	初七	叶县陶寨庙会	1
	初八	叶县任店史营庙会	1
	初八	栾川县东村庙会	1
	初八	栾川县老君山庙会	1
	初八	嵩县城关东关庙会	1
	初八	嵩县吕沟口农具会	1
	初八	洛阳市白马寺庙会	1
	初八	偃师市玄奘故里庙会	1

续表

	初八	虞城县木兰祠庙会	1
	初八	辉州市百泉药会	1
	初八	新密市超化镇超化寺庙会	1
	十一	嵩县升平黑虎庙庙会	1
	十二	鲁山县背孜庙会	1
	14至25(公历)	洛阳市民俗文化庙会	12
	十五	嵩县田湖镇皂君庙庙会	1
	十五	嵩县酒店农具会	1
	十五	鲁山县让河桥头庙会	1
	十五	周口市西华县司都岗庙会	3
	十五	方城县拐河镇庙会	1
	十八	栾川县庙子庙会	1
	十八	嵩县寺庄农具会	1
	十八至廿四	明港镇长台关天齐庙庙会	7
	廿一	汝阳县杜康生日会	1
	廿二	洛阳市龙门东山求子庙会	1
	廿三	鲁山县瓦屋石门庙会	1
五月	初五	安阳市天宁寺庙会	1
	初五	灵宝县豫灵镇亚武山朝山庙会	1
	十三	洛阳市关林关公庙庙会	3
	十三	洛阳市关林关公庙会	3
	十五	濮阳市物资交流大会	7
	廿一	汝阳市杜康生日会	1
	廿二	洛阳市龙门庙会	1
	廿八	新密市老城城隍庙庙会	1
六月	初一	嵩县窑湾村法华寺庙会	1
	初六	宜阳县张舞乡龙潭寺庙会	1
	十六至十八	鲁山县仓头庙会	3
	十九	潢川县观音庙庙会	1

续表

	十九	汝州市风穴寺庙会	1
	廿二	嵩县田湖镇火神庙庙会	1
	廿三	信阳市长台关火神庙庙会	1
	廿三	商丘市阏伯台庙会	1
	廿三	鲁山县瓦屋石门庙会	1
七月	初七	鲁山县辛集乡孙义村七夕节庙会	1
	十五	鲁山县观音寺庙会	3
	十五	栾川县合峪庙会	3
	十五	信阳市长台关盂兰盆会	1
	十五	洛阳市白马寺盂兰盆会	1
	廿二	鲁山县瓦屋乡马老庄庙会	3
	廿六	叶县秋河庙会	1
	廿七	叶县罗桥湾庙会	1
八月	初一	汝阳县杜康忌日会	1
	初十	方城县隔河岭庙会	1
	初八	洛阳市宜阳县半坡庙会	1
	初九	鲁山县鲁山坡庙会	1
九月	初九	襄县紫云书院庙会	3
	初九	洛宁县梅鹿山庙会	1
	十三	嵩县黄庄街关帝庙庙会	1
	十三	洛阳市关林庙会	1
	十五	鲁山县三岔口天西寺庙会	1
	十五	鲁山县红佛寺庙会	1
	十五	方城县拐河庙会	1
	十五	新密市药庙药材大会	10
	十九	潢川县观音寺庙会	1
	廿三	沁阳县王庄乡张坡村九坡寺庙会	
	二十八（阳历）	内乡县文庙庙会	1
	二十八（阳历）	郑州市文庙庙会	1

续表

十月	初一	卫辉市市区内老古会	7
	初一	嵩县城东关老古会	1
	初一	信阳市罗山县城内老古会	20
	初五	永城市芒山镇老古会	7
	初五	嵩县田湖镇河大王庙庙会	1
	初五至初八	陕县空相寺庙会	3
	初六	夏邑县西白庙庙会	10
	初七	新乡市西获嘉县城内古会	7
	初十	嵩县古城村河大王庙庙会	1
	初十	嵩县古城村河大王庙庙会	1
	初十至十九	登封市中岳庙庙会	10
	十五	方城县拐河古会	1
	十五	栾川县合峪古会	1
	十八	栾川县庙子古会	1
	二十	武陟县县城老古会	7
	廿五	武陟县沾店古会	4
	廿八	夏邑县叶庙镇庙会	7
十一月	初一	嵩县田湖镇地王庙庙会	1
	初六	虞城县北利民三里井古会	7
	十五	西峡县太平镇古会	1
	十八	禹州市鸿畅冀村古会	1
	廿一	郸城县五台庙庙会	7
	廿二	永城市西先城镇庙会	6
	廿八	舞阳市城区古会	10
十二月	初六	许昌市禹州市古会	20
	初八	商丘市高新会	7
		鹿邑县县城古会	1
	十七至廿三	西华县聂堆乡思都岗女娲城庙会	7

（因以上庙会地名、地点、会期、天数为多方搜集资料，个别不精准之处敬请体谅）

郑州市市区古庙会会谱

月	日	会址	里程	方向和行走路线	规模
正月	初一	森林公园	17	东北会期半个月	中
	初一	城隍庙文庙	3	正东会期半个月	小
	初六	尖岗	20	西南大岗刘郭厂西南	小
	初七	贾砦	20	正南京广路正南	中
	初七	祥营	30	西北高新科学大道西	小
	初七	郑老庄	32	正南郑新路直走	新
	初九	石羊寺	15	正西中原路西口往南	中
	初十	付君庙	23	正西四环道石羊寺西	小
	初十	五洲小区	13	正东郑汴路直走路南	中
	初十	高寨	10	正南京广路往南直走	中
	十三	祭成新村	20	东北金水东路路北	中
	十七	和庄	23	西南石羊寺西南	中
	十九	南流	23	西北西环道西陈庄北	大
	十九	东十里铺	10	正东郑汴路直走	大
	二十	南曹	30	东南二里岗尚庄东南	小
	二十	赵村	34	正西郑上路须水西北	小
	廿二	申河	38	西南尖岗西水磨西南	小
	廿三	百炉屯	27	正西郑上路西岗北	中
	廿五	小庙嘴	30	西南郑密路郭小砦东	小
	廿六	魏河	25	东南十八里河苏庄东	中
	廿八	荆寨	30	正南大学路铁三官庙南	中
	廿九	庙李	15	正北北环道西段路北	大
	廿九	十八里河	20	正南烟厂南十里铺南	中
	廿九	刘江	40	东北花沟王姚桥东北	小
	廿九	石庙	35	正西郑上路卅里铺南	小
	廿九	圃田	30	正东郑汴路直走	小
二月	初一	马寨	30	西南中原路三里庄南	大
	初二	苏屯	22	正北老鸦陈过桥右转	中
	初二	南小李庄	23	正南郑许路直走	中

续表

	初二	二郎庙	25	正东二里岗梁湖东	小
	初二	郑湾	16	正西中原路石羊寺西	小
	初二	柳园口	38	正东郑汴路圃田正北	小
	初二	祥营	30	西北高新科学大道西	小
	初二	大孟	25	正西中原路三里庄南	小
	初二	黄龙岗	32	西南候寨南大路西东	小
	初三	大姚庄	20	东南二里岗尚庄东南	中
	初五	小京水	17	正西郑上路过西流湖	中
	初五	洼刘	27	西北科学大道路南	中
	初五	大夏庄	30	东北花沟王南录庄东	小
	初六	八郎砦	22	东南十八里河过桥东	中
	初七	东史马	28	西北高新区莲花街北	中
	初七	寺坡	5	正北郑纺机医院	中
	初八	小郭村	23	东北花沟王东路北	中
	初九	荆湖庄	23	正南大学路直走	大
	初九	宋庄	16	正西中原路西环路北	小
	初九	天王寺	32	正西郑上路须水西北	小
	初九	杜庄	23	西北老鸦陈西北	中
	初九	小乔	30	正南郑许路直走	新
	初十	祭城新村	20	东北金水东路路北	中
	初十	大王庄	22	东南十八里河向东	小
	初十	大庄	20	郑上路直走	中
	初十	小李村	29	西北高新区大里北	小
	十一	南录庄	23	东北花沟王东	中
	十二	木马	25	正北北环道西史赵北	中
	十二	小刘	25	正南郑许路直走	中
	十二	西冯湾	18	西南大岗刘东冯湾西	大
	十二	陈三桥	40	东北郑汴路圃田北	小
	十三	大里	28	西北高新科学大道北	中
	十三	荆洞	31	正南郑许路直走	新
	十五	穆庄	35	正东郑汴路白佛向北	小
	十五	欢河	18	西北南阳路兴隆铺西	中
	十五	固城	24	正北老鸦陈向东左转	中

续表

	十五	前牛岗	35	东北花沟王东姚桥北	小
	十五	候寨	22	西南郑密路直走	大
	十五	王许	30	正南大学路南荆寨南	新
	十六	苏庄	24	东南十八里河桥南	中
	十七	来童砦	45	东北花沟王姚店堤东	中
	十八	大谢	32	西北高新区莲花街北	中
	十九	大李庄	20	正西中原路--中西	中
	十九	苏屯	22	西北老鸦陈过桥右转	中
	十九	梁湖	20	东南航海路鲍湖东南	中
	十九	姚寨	10	东北东明路北段路东	大
	十九	香林寺	20	西南郑密路直走	小
	十九	卧龙岗	10	正西淮河路西段路南	中
	十九	马村	43	西北古荥西	小
	二十	杜寨	40	西北科学大道堂李西	小
	廿一	张家村	16	正北文化路陈砦北	大
	廿一	百丈	40	西北高新区西莲河西	小
	廿二	陈顶	40	西南郑密路桐树洼东	小
	廿二	邢庄	28	正东金水东路路北	中
	廿二	岳岗	30	西北西环道石佛西北	小
	廿二	站马屯	20	正南烟厂十里铺向南	大
	廿五	八卦庙	18	西南大岗刘郭厂西南	中
	廿五	水牛张	35	西北科学大道祥营西	小
	廿五	南十里铺	10	正南城东路南	中
	廿六	布袋李	28	正西高新区梧桐路北	中
	廿七	前庄王	34	西北高新区大谢北	小
	廿八	沟赵	33	西北高新区西四环北	小
	廿八	田河村	35	东北郑花路大庙东	中
	廿九	南曹	30	东南尚庄郎庄东南	中
	廿九	阎村	31	正西西四环路西	中
三月	初一	老鸦陈	18	正北南阳路向北	大
	初一	姚店堤	30	东北祭城北绿庄东北	小
	初一	西村	35	东南十八里河东南	中

续表

	初一	弓寨	30	正北老鸦陈天河路北	中
	初一	坟上	32	西南须水南杨寨西	小
	初一	大孙庄	40	正东郑汴路圃田东南	小
	初一	大庙	29	正北郑花路北段路东	中
	初一	黄岗寺	14	西南郑密路齐礼闫南	大
	初一	韩寨	38	西北须水北祥营西	小
	初三	金庄	30	正东郑汴路榆林北	中
	初三	土地庙	50	西北郑邙路韩洞西北	小
	初三	新庄	28	东北中州大道河村东	中
	初三	毕河	36	东南十八里河郑堡东	中
	初三	双桥	25	西北老鸦陈杜庄西	中
	初三	桐树王	25	正西中原路三里庄南	中
	初三	李江沟	15	正西淮河路西北口	中
	初三	石旦沟	17	西南嵩山南路直走	小
	初三	尚庄	17	东南航海路七里河南	小
	初五	后庄王	32	西北莲花街大谢北	中
	初六	毛庄	20	东南二里岗尚庄东南	中
	初六	大郭村	28	东北南禄庄北花沟王	中
	初六	小寨	28	正西中原路西段路南	小
	初六	袁河	35	郑密路郭小砦西	小
	初七	庙李	15	正北文化路陈砦西	大
	初七	小榆林	40	西北高新区西莲河西	小
	初七	崔垌	26	正南十八里河汪垌东	新
	初八	门楼	44	西北高新区堂李西	小
	初八	石桥	37	东北大庙东	小
	初九	天王寺	32	正西郑上路须水西北	小
	初八	岗李	35	正北老鸦陈弓寨北	小
	初十	薛岗	25	东北南禄庄东	小
	初十	丁楼	30	西北西环道石佛西北	中
	初十	弓寨	30	正北老鸦陈天河路北	中
	十一	大庙	29	正北郑花路北段路东	中
	十二	杨寨	33	西南中原路三里庄南	大

续表

	十二	刘湾	23	东南十八里河南	小
	十二	瓦屋李	25	西北西环道南流西北	中
	十二	大湖	37	东南南曹野曹南	小
	十三	武庄	35	西北老鸦陈铁炉砦西	小
	十三	张寨	7	正北南阳路北段路东	大
	十五	西胡垌	26	西南郑密路候寨正南	大
	十五	胖庄	32	西北老鸦陈天河路西	中
	十五	西连河	35	西北高新区堂李西	中
	十五	小金庄	37	东北花沟王姚桥北	小
	十六	陈伍寨	17	正西郑上路三官庙北	小
	十六	白庄	17	正西郑上路三官庙北	中
	十六	保合寨	40	西北郑上路直走	小
	十六	张花楼	38	南曹东南	小
	十八	堂李	35	西北高新区祥营北	中
	十八	汪垌	24	正南十八里河南	中
	十九	常庙	20	西南石羊寺道李向南	中
	二十	韩洞	45	西北郑邙路直走	小
	二十	黄岗庙	40	东北花沟王姚桥北	小
	二十	三王庄	26	正西中原路三里庄南	小
	廿二	关庄	26	西北西环道石佛北	中
	廿三	常庄	26	正西中原路——中南	中
	廿三	岗李	35	正北老鸦陈弓寨北	中
	廿四	纪公庙	38	西北郑邙路师家河西	中
	廿五	马渡	40	东北花王沟北录庄北	小
	廿五	薛岗	22	西北老鸦陈西北	中
	廿六	小寨	28	正西中原路西段路南	小
	廿六	张李洞	27	西南郑密路候寨东南	中
	廿六	郑堡	29	东南正新路直走	新
	廿六	郭村	38	西北高新区祥营北	中
	廿八	张齐砦	23	西南大岗刘尖岗西	大
	廿八	大庙	29	正北郑花路北段路东	中
	廿八	古荥	40	西北郑邙路铁炉寨西	大
	廿九	五龙口	12	西北桐柏路朱屯北	大

续表

四月	初一	铁三官庙	23	正南大学路南	中
	初一	天王寺	32	正西郑上路须水西北	中
	初一	东赵	30	正北北环道陈砦北	大
	初一	尖岗	20	西南大岗刘郭厂西南	大
	初一	司赵	35	东南梁湖东南	中
	初二	杨垛	28	西南候寨南西胡垌东	小
	初二	刘胡垌	28	西南尖岗西南	大
	初三	老鸦陈	18	正北南阳路王寨西北	大
	初四	曹洼	24	西南郑密路候寨向南	中
	初四	祥营	30	西北科学大道西	小
	初五	八里庙社区	10	正东郑汴路路东	大
	初六	南曹	30	东南二里岗尚庄东南	中
	初八	中庄	35	东北郑花路京水向东	小
	初八	五洲小区	13	正东郑汴路路南	中
	初八	惠济桥	32	西北老鸦陈孟屯北	中
	初八	三官庙	13	正西建设路西头路南	中
	初八	关帝庙	36	正西郑上路须水西北	荥
	初八	台郭	28	西南郑密路直走	小
	初十	枣陈	40	西北高新区堂李西	小
	初十	小铺	10	正北文化路中段路西	大
	十一	曹村坡	40	西北老鸦陈铁炉寨西	小
	十一	大河村	28	正北郑花路杓袁向东	中
	十三	朱寨	38	西北高新区堂李西	小
	十五	古荥	40	西北郑邙路铁炉砦西	中
	十五	三李	40	西南郑密路候寨西南	大
	十五	段庄	16	正西大岗刘西环道西	中
	十八	大庙	29	正北郑花路北段路东	中
	廿四	凤凰台	5	正东未来路南段路东	大
五月	初一	东赵	30	正北北环道陈砦北	中
	初五	弓寨	30	正北天河路北	中
	十三	京水	30	正北郑花路大庙向东	大
	十三	古荥	40	西北郑邙路铁炉砦西	中
	十三	牛砦	39	西北高新区祥营西	小

续表

	十五	岗李	35	正北天河路弓寨北	中
	十五	尖岗	20	西南大岗刘郭厂西南	中
	十五	铁匠寨	40	正西郑上路须水西北	小
	十八	郎庄	21	东南尚庄东南	中
	十八	岗崔	39	西北高新区堂李西	小
	十八	惠济桥	35	西北郑邙路孟屯北	中
	十九	全垌	30	西南郑密路郭小寨西	小
	二十	汪庄	29	正西郑上路须水向北	小
	廿二	杜寨	38	西北高新区堂李西	小
	廿三	丁庄	32	正西郑上路须水西北	小
	廿三	单东	40	西北郑邙路孟屯东北	小
	廿五	郑老庄	32	东南正新路直走	新
	廿六	王司李	32	东南尚庄南曹南	小
	廿八	耿庄	33	东南尚庄南曹东	小
六月	初一	小阴庄	38	正东郑汴路圃田北	小
	初一	沙窝李	32	正南郑许路小刘南	新
	初二	席村	35	东南十八里河东南	中
	初四	野曹	33	东南二里岗南曹东南	小
	初六	祭城新村	20	正东金水路中段路北	中
	初六	宫庄	40	西北郑邙路彭庄北	小
	初六	老鸦陈	18	正北南阳路北段	大
	初六	南十里铺	10	正南城东路南段正南	中
	初九	大榆林	39	西北高新区郭村西	中
	初十	南曹	30	东南城东路尚庄东南	中
	十三	石佛	25	西北西环道北段路西	大
	十五	庙张	21	正东金水路中段路北	中
	十五	杨寨	33	西南中原路西四环南	大
	廿三	圃田	35	正东郑汴路直走	小
	廿三	十八里河	20	正南烟厂十里铺正南	中
	廿三	彭庄	38	西北郑邙路直走	中
	廿五	王许	30	正南大学路南荆寨南	新
	廿五	齐礼闫	10	西南郑密路直走	大
	廿六	赵村	35	正西郑上路须水西北	中

续表

	廿八	张五寨	35	正西郑上路须水西北	中
	廿九	杜庄	23	西北郑邙路直走	中
七月	初一	赵村	35	正西郑上路须水西北	小
	初一	陈寨	14	正北文化路北头	大
	初七	师家河	32	西北老鸦陈双桥西	中
	初十	下李河	38	西南郑密路桐树洼东	中
	十三	王立寨	5	正西棉纺路东段	中
	十三	水牛张	33	正西高新区祥营西	中
	十五	五洲小区	13	正东郑汴路直走路南	中
	十五	圈李	34	西南中原路西四环西	小
	十五	尖岗	20	西南大岗刘郭厂西南	中
	十五	双桥	29	西北郑邙路直走	中
	十六	赵村	35	正西郑上路须水西北	小
	十七	朱屯	10	正西桐柏路北口	大
	十八	孔河	30	西南中原路马寨南	小
	十九	关帝庙	37	正西郑上路须水西北	荥
	二十	天王寺	30	正西郑上路小李庄北	小
	二十	庞庄	27	东南十八里河苏庄南	小
	廿二	十八里河	20	正南烟厂南十里铺南	中
	廿二	祭城新村	20	正东金水路中段路北	中
	廿二	三官庙	13	正西建设路西头	中
	廿四	花沟王	18	东北森林公园东北	大
	廿五	孙庄	31	正南小乔东	新
	月底	兰寨	26	正西化工路西段路北	中
	月底	站马屯	20	正南南十里铺南	大
	月底	干柴李	40	东北花沟王姚桥东北	小
	月底	曹古寺	33	东南航海路东梁湖南	中
八月	初一	花庄	24	东北花王沟南禄庄东	中
	初一	苏屯	22	正北老鸦陈过桥正北	中
	初四	王许	30	正南大学路南荆寨南	新
	初六	张魏寨	10	正南大学路直走	大
	十二	师新庄	35	西北高新区堂李东	小
	十五	祥营	30	西北科学大道西口路西	小
	十五	弓寨	30	正北天河路北	中

续表

	十七	东赵	30	正北北环道陈砦北	中
	廿三	古荥	40	西北老鸦陈铁炉寨西	中
	廿七	祥营	33	西北科学大道西口	小
九月	初一	尖岗	20	西南大岗刘郭厂西南	中
	初一	苏屯	22	正北老鸦陈过桥正北	中
	初三	惠济桥	35	西北郑邙路孟屯北	中
	初六	王宁庄	23	正南大学路南口	中
	初九	彭庄	38	西北郑邙路直走	中
	初九	祭城新村	20	正东金水路中段路北	中
	初九	沙门	15	正北郑花路直走	大
	初九	董岗	30	正西郑上路小付庄北	小
	初九	小乔	30	郑州许路直走	新
	初九	南王村	38	西北郑邙路直走	小
	初九	小李庄	29	南曹西南	中
	初十	毛庄	23	西北老鸦陈苏屯北	中
	初十	柴郭	22	正南万客来东南	大
	十三	西赵	30	正北南阳路臬村北	小
	十三	小京水	17	正西郑上路直走	大
	十三	三李	40	西南郑密路直走	大
	十三	鲍湖	20	东南航海路七里河东	大
	十三	圃田	30	正东郑汴路直走	小
	十三	焦庄	34	西北高新区阎村西	小
	十五	王寨	15	正北南阳路北段	大
	十六	陈庄	15	正西西四环瑞达路北	大
	十六	道李	19	西南西冯湾西	小
	十七	牛庄	37	西北郑邙路孟屯北	小
	十七	葛寨	25	西北西四环西石佛北	中
	十七	崔寨	37	正西西四环祥营西	小
	十九	薛岗	22	西北郑邙路直走	中
	十九	卅里铺	40	正西郑上路直走路南	小
	十九	水沟泉	13	西南航海路后河芦南	小
	十九	后河芦	11	西南航海路西段路南	大
	十九	后仓	18	正西郑上路北岗北	小
	二十	郭庄	28	正西化工路西四环北	中

续表

	二十	八面神	28	正西化工路西环北	小
	二十	小贺庄	30	东北郑花路杓袁正东	中
	二十	圃田	35	正东郑汴路直走	小
	廿三	祭城新村	18	正东金水路中段路北	中
	廿三	沙门	15	正北郑花路直走	大
	廿三	古荥	40	西北郑邙路铁炉寨西	大
	廿三	三官庙	13	正西建设路西头	中
	廿三	丁庄	32	正西郑上路须水北	小
	廿五	西湖垌	26	西南郑密路候寨向南	大
	廿六	老俩河	15	西三环北头路西	中
	廿八	张五寨	35	正西化工路阎村西	中
	廿八	张河	30	西南中原路杨寨南	小
	廿九	南流	23	西北西环道陈庄向北	大
	廿九	沙窝李	32	正南郑许路小刘南	新
十月	初一	白佛	29	正东郑汴路五里堡北	小
	初一	新庄	28	东北郑花路杓袁正东	中
	初二	刘德城	30	东南十八里河东南	小
	初三	阎村	33	正西化工路西环路西	中
	初三	岗李	35	西北天河路弓寨北	小
	初六	宫寨	38	西北高新区祥营西	小
	初六	李岗	30	正西郑上路直走	小
	初六	候庄	28	正南郑许路直走	新
	初七	百丈	40	西北高新区堂李西	小
	初八	杓袁	25	正北郑花路直走	大
	初八	黄龙岗	30	西南候寨南大路西南	中
	初八	马庄	30	须水南桐树王西	小
	初十	苏屯	22	正北老鸦陈过桥右转	中
	初十	佛岗	12	正南南三环万客来东	大
	初十	河沟王	38	正东郑汴路圃田北	小
	初十	三里庄	27	正西中原路直走	小
	十三	铁炉	26	正西郑上路须水向北	中
	十三	大河村	28	正北郑花路杓袁向东	中
	十三	上李河	35	西南候寨南大路西南	小
	十五	云菜庵	45	西北郑邙路直走	小

续表

	十五	穆庄	30	正东郑汴路白佛北	中
	十五	青寨	30	正北庙李北东赵东	中
	十五	寺坡	5	正北郑纺机医院	大
	十五	贾咀	25	正南大学路荆湖西南	中
	十六	寨上	40	正西郑上路卅里铺南	小
	十七	祭城新村	20	正东金水路中段路北	大
	十八	古荥	40	西北郑邙路铁炉寨西	大
	十九	荆寨	28	正南大学路荆胡砦南	中
	十九	老鸦陈	18	正北郑邙路直走	大
	二十	秦庄	28	西北瑞达路梧桐路北	中
	二十	京水	30	正北郑花路大庙东	大
	廿三	尖岗	20	西南大岗刘郭厂西南	中
	廿五	西史赵	15	正北文化路陈砦西	中
	廿六	韩砦	38	西北高新区祥营西	小
	廿七	堂李	33	西北高新区西四环西	大
	廿八	南郭家嘴	32	西南郑密路侯寨南	中
	廿九	烟墩坡	21	正南郑大路荆胡南	小
十一月	初六	任砦	42	西北高新区祥营西	小
	初七	京水	30	正北郑花路大庙东	中
	十七	东赵	30	正北北环道陈砦北	中
	十九	枭村	24	正北北环道庙李北	小
	二十	赵村	34	正西郑上路须水西北	小
	廿七	小双桥	30	西北郑邙路双桥西南	小
十二月	初七	丘砦	10	正南航海路冯庄南	中
	初八	祭城新村	20	正东金水路中段路北	中
	初八	黄岗寺	14	西南郑密路直走	大
	初八	大庙	28	正北郑花路北段路东	中
	初十	孙楼	35	正西高新区祥营西	小
	初十	庙李	15	正北文化路陈砦西	大
	十五	后河芦	11	西南航海路西段路南	大

续表

	十六	付砦	41	西北高新区西连河西	小
	十七	南岗刘	25	南大学路铁三官庙东	大
	十八	郭小砦	32	西南郑密路直走	中
	十八	百丈	40	西北高新区西连河西	小
	十九	刘砦	16	西南郑密路黄岗寺南	大
	二十	刘红沟	34	西南尖岗水磨西南	小
	廿一	岔刘	21	西南郑密路香林寺南	中
	廿二	曹洼	24	西南郑密路侯寨向南	大
	廿二	水磨	35	西南尖岗西刘胡垌南	大
	廿三	齐礼阎	10	正南郑密路直走	大
季节会					
		会址	里程	方向和行走路线	会型
	清明会：	牛王庙嘴	33	西南候寨南大路西	中
		七里河	16	东南航海路东口	大
		圃田	35	正东郑汴路直走路北	大
		金洼	30	正北郑花路弓庄西	中
		水磨	35	西南尖岗西刘胡垌南	中
	立夏会：	磨李	25	东北金水东路路北	中
		白庄	15	正东中州大道路东	中
	小满会：	石佛	25	西北西环道北段路西	大
		祭城新村	20	东北金水东路路北	大
		黄岗寺	14	正南郑密路直走	大
		苏庄	24	正南十八里河南	大
		古荥	40	西北小满后二天会	小
		王许	30	正南小满前一天会	新
每月农村集会					
一、	阴历				
	一、四、七：祭城新村				
	二、五、八：姚桥 南曹 圃田				
	三、六、九：司赵 黄庄				
二、	每周六集会：三李 杨寨				
三、	周六、日：古玩、花卉、鱼市、狗市、猫市，医学院东，沿河路两侧				
	天天早市：齐礼闫、健康路、城东南角、宋寨、金海农贸市场。				

附录

郑州市各市（县）古庙会会谱

续表

登封市庙会会谱					
月	日	乡（镇）	会址	会别	天数
正月	初一	大金店镇	油坊头	古庙会	6
	初三	石道乡	刘楼	古庙会	3
	初三	石道乡	李家门	古庙会	3
	初四	石道乡	许韩	古庙会	4
	初四	大金店镇	朱家坪	古庙会	3
	初四	大金店镇	书堂沟	古庙会	3
	初四	大冶镇	东村	古庙会	3
	初五	石道乡	冠子岭	古庙会	3
	初五	大金店镇	东村	古庙会	3
	初五	大金店镇	三里庄	古庙会	3
	初五	大金店镇	南拐	古庙会	3
	初五	城关镇	北高庄	古庙会	3
	初六	石道乡	郭沟	古庙会	3
	初六	君召乡	胥店	古庙会	1
	初六	宣化镇	王村	古庙会	3
	初六	宣化镇	爬沟	古庙会	1
	初七	大冶镇	大冶街	古庙会	3
	初八	颍阳镇	郭寨	古庙会	3
	初八	君召乡	水磨湾	古庙会	3
	初八	大金店镇	文村	古庙会	3
	初八	大金店镇	海眼	古庙会	3
	初八	大金店镇	栗村	古庙会	3
	初八	东华镇	周庄	古庙会	3
	初八	卢店镇	景庄	古庙会	3
	初八	卢店镇	卢东	古庙会	3
	初八	宣化镇	朱垌	古庙会	3
	初九	颍阳镇	杨岭	古庙会	3
	初九	石道乡	杨嘴	古庙会	3
	初九	告成镇	冶上二矿	古庙会	2
	初十	石道乡	石道街	古庙会	3
	初十	大金店镇	三王庄	古庙会	3
	十一	送表乡	梁庄	古庙会	3
	十一	石道乡	后河	古庙会	3
	十一	大金店镇	毕家村	古庙会	3
	十一	大金店镇	陈楼	古庙会	3
	十一	大金店镇	庄头	古庙会	3
	十一	大金店镇	楼上	古庙会	3
	十一	东华镇	杨寺庄	古庙会	3
	十一	东华镇	南店	古庙会	3
	十一	东华镇	骆驼院	古庙会	3
	十一	东华镇	杨村	古庙会	3
	十二	城关镇	耿庄	古庙会	5
	十二	大冶镇	沁水	古庙会	5
	十四	颍阳镇	刘寨	古庙会	3
	十四	石道乡	苗庄	古庙会	3
	十四	石道乡	春庄	古庙会	3
	十四	君召乡	周洼	古庙会	3
	十四	大金店镇	桑楼	古庙会	3
	十四	大金店镇	朱家坪	古庙会	3
	十四	大金店镇	北拐	古庙会	3
	十四	大金店镇	西门	古庙会	3
	十四	大金店镇	雷村	古庙会	3
	十四	大金店镇	王上	古庙会	3
	十四	大金店镇	磴槽	古庙会	3
	十四	大金店镇	段村	古庙会	3
	十四	大金店镇	龙尾沟	古庙会	3
	十四	大金店镇	太后庙	古庙会	3
	十四	大金店镇	梅村、白村	古庙会	3
	十四	大金店镇	豹子沟	古庙会	3
	十四	城关镇	李家沟	古庙会	3
	十四	城关镇	北旨村	古庙会	3
	十四	城关镇	中岳庙	古庙会	3
	十四	城关镇	左庄	古庙会	3
	十四	城关镇	嵩山村	古庙会	3
	十四	城关镇	黑山沟	古庙会	3
	十四	东华镇	西门	古庙会	3
	十四	东华镇	石桥	古庙会	3
	十四	卢店镇	卢店镇	古庙会	3
	十四	告成镇	崔楼	古庙会	3
	十四	告成镇	告成街	古庙会	3
	十四	告成镇	韩界头	古庙会	3
	十四	告成镇	北烟庄	古庙会	3
	十四	告成镇	王界头	古庙会	3
	十四	告成镇	高界头	古庙会	3
	十四	徐庄乡	徐庄乡	古庙会	3
	十四	大冶镇	川口	古庙会	3
	十四	宣化镇	佛垌	古庙会	3
	十六	送表乡	送表乡	古庙会	3
	十七	颍阳镇	东西街	古庙会	3
	十七	颍阳镇	李洼	古庙会	3
	十七	石道乡	付心庄	古庙会	3
	十七	石道乡	河沟	古庙会	3
	十七	石道乡	刘村	古庙会	3
	十七	城关镇	辛店	古庙会	3
	十七	东华镇	任村	古庙会	3
	十七	唐庄乡	西街	古庙会	3
	十八	颍阳镇	庄王	古庙会	3
	十八	大金店镇	皮堂	古庙会	3
	十八	城关镇	南菜园	古庙会	3
	十八	东华镇	库庄	古庙会	3
	十八	东华镇	河门	古庙会	3
	十九	城关镇	东十里	古庙会	3
	十九	徐庄乡	郑庄	古庙会	3
	二十	城关镇	西关	古庙会	3
	二十	城关镇	西十里	古庙会	3
	二十	城关镇	北旨村	古庙会	3

续表

	二十	东华镇	背阴坡	古庙会	3
	二十	大冶镇	朝阳沟	古庙会	3
	二十	白坪乡	西白坪	古庙会	3
	廿一	石道乡	陈村	古庙会	3
	廿三	东华镇	南北高马	古庙会	3
	廿四	君召乡	君召街	古庙会	3
	廿四	东华镇	少阳寨	古庙会	3
	廿四	大冶镇	庄头	古庙会	3
	廿四	大冶镇	塔庙	古庙会	3
	廿六	东华镇	窑沟	古庙会	3
	廿七	东华镇	东门	古庙会	3
	廿七	东华镇	尤兰	古庙会	3
	廿八	大金店镇	箭沟	古庙会	3
二月	初一	大金店镇	海河湾	古庙会	3
	初一	城关镇	焦河康村	古庙会	3
	初二	颍阳镇	行宫	古庙会	1
	初二	石道乡	海渚	古庙会	3
	初五	城关镇	张庄	古庙会	3
	初五	城关镇	高庄	古庙会	3
	初七	石道乡	马沟	古庙会	3
	初八	颍阳镇	蒋庄	古庙会	3
	初八	城关镇	南庄	古庙会	4
	初十	石道乡	王楼	古庙会	3
	十四	颍阳镇	王堂儿	古庙会	3
	十四	石道乡	石破窑矿	古庙会	3
	十五	石道乡	大李湾	古庙会	3
	十七	颍阳镇	刘向	古庙会	3
	十七	石道乡	邵窑	古庙会	3
	廿四	石道乡	大呼沱	古庙会	3
	廿四	城关镇	垌上	古庙会	3
	清明节	白坪乡	西白坪	古庙会	1
	清明节	颍阳镇	范寨	古庙会	1
	廿七	颍阳镇	陈沟	古庙会	3
三月	初二	宣化镇	山沟	古庙会	1
	初三	颍阳镇	西竹园	古庙会	1
	初三	石道乡	闫坡	古庙会	1
	初三	东华镇	安窑	古庙会	1
	初三	告城镇	八方	古庙会	1
	初三	徐庄乡	孙桥	古庙会	1
	初三	宣化镇	南拐庙上	古庙会	1
	初五	大金店镇	花村	古庙会	3
	初五	告城镇	水峪庙上	古庙会	4
	初六	颍阳镇	王堂儿	古庙会	1
	初五	大金店镇	梅村	古庙会	1
	初五	大冶镇	温沟	古庙会	1
	初九	君召乡	范堂	古庙会	1
	初九	大金店镇	陈楼	古庙会	1
	初十	石道乡	陈家门	古庙会	1
	十四	颍阳镇	冯沟	古庙会	3
	十四	大冶镇	向阳电厂口干庄	古庙会	1
	十五	颍阳镇	北庙	古庙会	1

续表

	十五	告城镇	王爻	古庙会	5
	十五	大冶镇	沁水	古庙会	1
	十六	大冶镇	三里庙	古庙会	1
	十六	白坪乡	程窑	古庙会	1
	十六	白坪乡	石门里沟	古庙会	1
	十七	石道乡	冠子岭	古庙会	3
	十七	石道乡	术村	古庙会	3
	十八	大冶镇	大冶西村	古庙会	4
	十八	宣化镇	山海	古庙会	3
	十九和廿五	大冶镇	塔湾	古庙会	各1
	二十	告城镇	隔子沟	古庙会	1
	二十	告城镇	吕庄	古庙会	1
	廿三	告城镇	将庄	古庙会	1
	廿五	颍阳镇	刘庙	古庙会	1
	廿八	徐庄乡	田家沟	古庙会	1
四月	初一	徐庄乡	屈沟	古庙会	1
	初一	大冶镇	寺沟土地庙	古庙会	1
	初一	唐庄乡	郭庄	古庙会	1
	初二	宣化镇	岳爻	古庙会	1
	初四	告城镇	石羊关	古庙会	3
	初五	大冶镇	沙沟	古庙会	1
	初六	颍阳镇	沓沓庙	古庙会	3
	初六	告城镇	双庙	古庙会	1
	初六	大冶镇	沁水	古庙会	1
	初七	大冶镇	炮坊沟	古庙会	1
	初八	唐庄乡	西玉台	古庙会	1
	初九	宣化镇	王村街	古庙会	1
五月	十六	城关镇	辛店	古庙会	1
	廿三	大冶镇	弋湾	古庙会	1
	廿八	唐庄乡	龙头	古庙会	1
六月	初九	颍阳镇	西街	古庙会	1
	初九	石道乡	上窝南泉寺	古庙会	1
	初九	东华镇	箕山	古庙会	1
	十三	颍阳镇	李洼	古庙会	1
	十五	石道乡	三仙庙	古庙会	1
	十五	城关镇	辛店	古庙会	1
	十五	东华镇	尤兰	古庙会	1
	十五	大冶镇	沁水	古庙会	1
	十五	大冶镇	景木岭	古庙会	1
	十五	大冶镇	王楼庙上	古庙会	1
	十九	白坪乡	南窑	古庙会	1
	廿八	城关镇	黄楼	古庙会	1
	廿九	大金店镇	桑楼	古庙会	1
七月	初一	东华镇	券门	古庙会	1
	初一	大冶镇	南五里庙	古庙会	1
	初一	大冶镇	北五里庙	古庙会	1
	初一	大冶镇	西施村庙上	古庙会	1
	初一	唐庄乡	冯沟	古庙会	1
	初二	大金店镇	陈楼	古庙会	1
	初二	宣化镇	老栗树	古庙会	1

续表

	初三	大冶镇	南街	古庙会	1
	初六	宣化镇	土门	古庙会	1
	初七	大金店镇	安庙	古庙会	1
	初七	白坪乡	东白坪	古庙会	1
	初九	唐庄乡	杨庄	古庙会	1
	十二	大冶镇	川口	古庙会	1
	十二	宣化镇	佛垌	古庙会	1
	十二	宣化镇	二道岭	古庙会	1
	十三	告城镇	石羊关	古庙会	1
	十三	宣化镇	王村街水泥厂	古庙会	1
	十五	大冶镇	吴庄	古庙会	1
	十五	大冶镇	东刘碑庙上	古庙会	1
	十五	大冶镇	七里庙	古庙会	1
	十五	大冶镇	三叉口	古庙会	1
	十五	唐庄乡	唐东	古庙会	1
	十八	宣化镇	岳爻	古庙会	1
	十九	大冶镇	七里庙切菜沟	古庙会	1
	十九	大冶镇	牙山	古庙会	1
	十九	大冶镇	西村庙上	古庙会	1
	十九	唐庄乡	王河	古庙会	1
	十九	白坪乡	西寨沟	古庙会	1
	二十	大冶镇	东村	古庙会	1
	廿二	唐庄乡	塔水湾	古庙会	1
	廿五	宣化镇	青石沟	古庙会	1
	廿六	城关镇	西十里镇	古庙会	1
	廿八	东华镇	棉沟	古庙会	1
	廿九	宣化镇	寺沟	古庙会	1
八月	初一	大金店镇	郑家岭	古庙会	1
	初八	大冶镇	秦焦沟、石岭头	古庙会	1
	十五	城关镇	辛店	古庙会	1
	十五	城关镇	宋村	古庙会	1
	十五	徐庄乡	王屯	古庙会	1
	十五	白坪乡	马池矿	古庙会	1
	廿四	石道乡	祭祖庙	古庙会	3
	廿六	大冶镇	周山	古庙会	1
九月	初六	大冶镇	塔湾	古庙会	1
	初七	城关镇	耿楼	古庙会	1
	初九	大冶镇	桥板河	古庙会	1
	初九	大冶镇	景木岭	古庙会	1
	初九	大冶镇	老井	古庙会	1
	十一	白坪乡	白坪街	古庙会	1
	十二	大冶镇	松华	古庙会	1
	十三	大冶镇	大冶街	古庙会	1
	十五	徐庄乡	刘沟	古庙会	1
	十五	大冶镇	西施村	古庙会	1
	十五	大冶镇	火石岭	古庙会	1
	十五	大冶镇	七里庙	古庙会	1
	十五	大冶镇	王楼矿庙上	古庙会	1
	十五	宣化镇	山沟	古庙会	1

续表

	十八	告成镇	冶上	古庙会	1
	廿三	唐庄乡	垌上	古庙会	1
	廿五	告成镇	吴家村	古庙会	1
	廿五	大冶镇	大冶煤矿	古庙会	1
	廿八	告成镇	曲河	古庙会	1
	廿八	大冶镇	刘碑	古庙会	1
十月	初七	唐庄乡	竹园	古庙会	1
	初九	唐庄乡	唐庄	古庙会	1
	初十	城关镇	马庄	古庙会	1
	初十	卢店镇	景店	古庙会	1
	初十至十九	登封市中岳庙庙会	中岳庙	古庙会	10
	十五	城关镇	耿庄、下瓦村庙上	古庙会	1
	十六	芦店镇	芦店	古庙会	1
	十九	君召乡	范堂	古庙会	1
	十九	唐庄乡	唐庄	古庙会	1
	二十	芦店镇	芦店	古庙会	1
	廿三	告城镇	告城	古庙会	1
	廿六	告城镇	告城	古庙会	1
	廿九	唐庄乡	唐庄	古庙会	1
	三十	芦店镇	芦店	古庙会	1
十一月	初三	告城镇	告城	古庙会	1
	初六	芦店镇	芦店	古庙会	1
	初九	唐庄乡	唐庄	古庙会	1
	初十	芦店镇	芦店	古庙会	1
	十三	告城镇	告城	古庙会	1
	十五	登封市区	中岳庙	古庙会	1
	十六	芦店镇	芦店	古庙会	1
	十九	唐庄乡	唐庄	古庙会	1
	二十	芦店镇	芦店	古庙会	1
	二十	大金店镇	大金店	古庙会	1
	廿三	告城镇	告城	古庙会	1
	廿六	芦店镇	芦店	古庙会	1
	廿九	唐庄乡	唐庄	古庙会	1
	三十	芦店镇	芦店	古庙会	1
十二月	初三	告城镇	告城	古庙会	1
	初六	芦店镇	芦店	古庙会	1
	初八	大金店镇	大金店	古庙会	1
	初九	唐庄乡	唐庄	古庙会	1
	初十	芦店镇	芦店	古庙会	1
	十三	大冶镇	大冶	古庙会	1
	十三	告城镇	告城	古庙会	1
	十五	登封市区	中岳庙	古庙会	1
	十六	芦店镇	芦店	古庙会	1
	十九	唐庄乡	唐庄	古庙会	1
	二十	大金店镇	大金店	古庙会	1
	二十	芦店镇	芦店	古庙会	1
	廿三	告城镇	告城	古庙会	1
	廿六	芦店镇	芦店	古庙会	1
	廿九	唐庄乡	唐庄	古庙会	1
	三十	芦店镇	芦店	古庙会	1

巩义市庙会会谱

月	日	乡（镇）	会址	会别	天数
正月	初三	大峪沟	大峪沟市场	物交会	1
	初四	新中	茶店村	古庙会	1
	初五	鲁庄	赵城	物交会	1
	初七	大峪沟	大峪沟市场	物交会	1
	初七	县城	县城	原孝义二郎庙会	1
	初七	回郭镇	回郭镇街	古庙会	1
	初九	大峪沟	玉皇庙	古庙会	1
	初九	芝田	芝田	古庙会	1
	初九	康店	焦湾村	古庙会	1
	初十	回郭镇	清易镇	古庙会	1
	初十	西村	西村	古庙会	1
	十二	新中	茶店村	芦医庙 古庙会	1
	十二	鲁庄	后林	古庙会	1
	十三	康店	康店村	古庙会	1
	十三	涉村	社村街	古庙会	1
	十五	鲁庄	赵城	物交会	1
	十六	小关	小关村	古庙会	1
	十六	回郭镇	刘村	古庙会	1
	十六	夹津口	丁沟	古庙会	1
	14日-18日	米河	两河口	古庙会	5（逢阳历）
	十六	核桃园	核桃园	物交会	1
	十九	芝田	羽林庄	古庙会	1
	十九	鲁庄	鲁庄	古庙会	1
	十九	西村	圣水	古庙会	1
	十九	南河渡	石关	土地庙会	1
	廿五	回郭镇	小芝田	古庙会	1
	廿五	鲁庄	赵城	物交会	1
	廿八	孝义	烈江沟	古庙会	1
	廿九	米河	米河街	古庙会	1
二月	初一	西村	张咀寨	古庙会	1
	初一	站街	大黄冶	古庙会	1
	初二	芝田	蔡庄	古庙会	1
	初二	南河渡	石关集	古庙会	1
	初三	北山口	白河	古庙会	1
	初七	鲁庄	东庄	古庙会	1
	初八	大峪沟	玉皇庙	古庙会	1
	初八	沙渔沟	七里铺	古庙会	1
	初八	新中	茶店	古庙会	1
	初九	北山口	南关庄	白衣 大士庙会	1
	初九	芝田	南石	古庙会	1

续表

月	日	乡（镇）	会址	会别	天数
	初十	回郭镇	回郭镇	古庙会	1
	十二	沙渔沟	金沟	古庙会	1
	十三	孝义	东黑石关	古庙会	1
	十三	站街	驻驾河	古庙会	1
	十三	回郭镇	北罗	古庙会	1
	十五	北山口	山川	老君庙会	1
	十五	鲁庄	关帝庙	古庙会	1
	十五	西村	圣水	古庙会	1
	十六	回郭镇	清易镇	古庙会	1
	十六	鲁庄	南村寨	古庙会	1
	十八	鲁庄	念子庄	古庙会	1
	十九	西村	窑岭	古庙会	1
	十九	鲁庄	鲁庄	古庙会	1
	廿二	鲁庄	东候	古庙会	1
	廿三	回郭镇	柏玉	古庙会	1
	廿五	小关	小关村	古庙会	1
	廿五	回郭镇	干沟	古庙会	1
三月	初三	康店	井沟	古庙会	1
	初三	南河渡	蔡沟	祖师庙古庙会	1
	初三	大峪沟	杨里	古庙会	1
	初六	孝义	烈江沟	古庙会	1
	初六	西村	山东	古庙会	1
	初八	小关	小关	古庙会	1
	初八	西村	东村	古庙会	1
	4月4-5日	涉村	凌沟	清明会	2（逢阳历）
	4月4-5日	回郭镇	清易镇	古庙会	2（逢阳历）
	初十	新中	老庙	老庙会	1
	十二	回郭镇	北罗	古庙会	1
	十二至十四	大峪沟	大峪沟	古庙会	3
	十三	沙渔沟	滩小关	古庙会	1
	十四	大峪沟	玉皇庙	古庙会	1
	十五	南河渡	石板沟	古庙会	1
	十六	鲁庄	北候	古庙会	1
	3月15日-19日	米河	两河口	物交会	5（逢阳历）
	十八	大峪沟	朱林庙	古庙会	1
	十九	鲁庄	安头	古庙会	1
	十九	沙渔沟	沙渔沟	古庙会	1
	二十	芝田	八陵	古庙会	1
	廿四	鲁庄	斜里	古庙会	1
	廿五	北山口	北官庄	古庙会	1
	廿五	康店	西黑石关	古庙会	1
	廿五	夹津口	夹津口	古庙会	1
	廿五	康店	赵沟	古庙会	1

附录

续表

	廿五	小关	小关	古庙会	1
	廿五	鲁庄	后林	古庙会	1
	廿五	西村	堤东	古庙会	1
	廿七	芝田	蔡庄	古庙会	1
	廿七	鲁庄	赵城	古庙会	1
	廿八	站街	站街	古庙会	1
	廿八	米河	米河街	古庙会	1
	廿八	西村	圣水	古庙会	1
	廿九	鲁庄	南候	古庙会	1
四月	初一	大峪沟	玉皇庙	古庙会	1
	初一	南河渡	石关	麦忙农具会	1
	初二	西村	西村	古庙会	1
	初二	北山口	白河	古庙会	1
	初四	米河	米河街	古庙会	1
	初四	鲁庄	苏家庄	古庙会	1
	初五	西村	坞罗	古庙会	1
	初八	站街	站街	麦忙农具会	1
	初八	新中	茶店	麦忙农具会	1
	初八	芝田	喂庄	麦忙农具会	1
	初八	涉村	涉村	麦忙农具会	1
	初八	回郭镇	清易镇	麦忙农具会	1
	初八	回郭镇	回郭镇街	麦忙农具会	1
	初九	北山口	北山口村	立夏会	阳历5月5-6日
	初九	康店	张岭	立夏会	1
	十二	沙渔沟	沙渔沟	古庙会	1
	十八	回郭镇	柏玉	古庙会	1
	廿四	米河	米河街	小满会	阳历5月20-21日
	廿四	小关	小关	小满会	1
	廿四	涉村	涉村街	小满会	1
	廿四	站街	小黄冶	古庙会	逢阳历
五月	初五	回郭镇	驻驾庄	古庙会	1
	十三	回郭镇	清易镇	古庙会	1
	十三	孝义	石灰务	古庙会	1
	5月1日	康店	康店	古庙会	逢阳历
	5月1日	站街	小黄冶	古庙会	逢阳历
	十五	回郭镇	驻驾庄	古庙会	1
	廿三	回郭镇	北罗	古庙会	1
六月	初二	回郭镇	回郭镇	古庙会	1
	初三	西村	圣水	古庙会	1
	初六	新中	新中	古庙会	1
	初六	回郭镇	小芝田	古庙会	1

续表

	初六	鲁庄	南候	古庙会	1
	初十	芝田	八陵	古庙会	1
	十二	涉村	涉村街	古庙会	1
	十二	芝田	稍柴	古庙会	1
	十三	芝田	寨沟		1
	十三	沙渔沟	双槐树	古庙会	1
	十四	回郭镇	柏漫	古庙会	1
	十五	芝田	官庄	西瓜交流会	1
	十九	夹津口	申沟	古庙会	1
	廿三	南河渡	石关	古庙会	1
	廿三	夹津口	申沟	古庙会	1
	廿三	回郭镇	李邵	古庙会	1
	廿五	夹津口	丁沟	初伏会	1
	廿五	西村	堤东	古庙会	1
	廿六	鲁庄	罗彦庄	古庙会	1
七月	初一	新中	老庙会	古庙会	1
	初一	芝田	喂庄	古庙会	1
	初二	夹津口	王沟	古庙会	1
	初三	回郭镇	回郭镇	古庙会	1
	初七	北山口	南山口村	古庙会	1
	初七	芝田	羽林庄	古庙会	1
	初十	西村	窑岭	古庙会	1
	十二	夹津口	铁生沟	古庙会	1
	十三	芝田	芝田村	古庙会	1
	十三	西村	罗口	古庙会	1
	十六	夹津口	石井	古庙会	1
	十八	回郭镇	清易镇	古庙会	1
	十九	鲁庄	赵城	古庙会	1
	十九	西村	车元	古庙会	1
	二十	鲁庄	后林	古庙会	1
	二十	沙渔沟	鲁村	古庙会	1
	廿二	米河	米河街	古庙会	1
	廿三	芝田	芝田	古庙会	1
	廿四	小关	小关	古庙会	1
	廿五	回郭镇	干沟	古庙会	1
	廿六	大峪沟	玉皇庙	古庙会	1
	廿六	西村	浮沱	古庙会	1
	廿六	沙渔沟	原村	古庙会	1
	廿八	西村	西村	古庙会	1
	廿九	夹津口	申沟	古庙会	1
	三十	米河	两河口	古庙会两天	七月卅至八月初一
八月	初一	康店	赵沟	古庙会	1
	初九	鲁庄	南村	古庙会	1
	十四	芝田	北石	古庙会	1
	十五	康店	焦湾	古庙会	1
	二十	西村	常封	古庙会	1

续表

	二十	沙渔沟	金沟	古庙会	1
	廿八	回郭镇	回郭镇街	古庙会	1
九月	初一	芝田	南石	古庙会	1
	初三	鲁庄	小相	古庙会	1
	初九	回郭镇	李邵	重阳会	阳历10月中下旬
	十三	康店	焦湾	古庙会	1
	十三	小关	小关	古庙会	1
	十六	鲁庄	南候	古庙会	1
	廿三	鲁庄	后林	古庙会	1
	廿五	鲁庄	东庄	古庙会	1
	廿五	核桃园	核桃园	古庙会	1
	廿七	西村	堤东	古庙会	1
	廿八	芝田	寨沟	古庙会	1
	廿八	米河	米河街	古庙会	阳历10月14日至16日
十月	初二	西村	山东	古庙会	1
	初六至初八	夹津口	夹津口	古庙会	3
	初十	米河	米河街	古庙会	1
	十二	西村	李家窑	古庙会	1
	十五	新中	新中街	古庙会	1
	十六	鲁庄	桑家沟	古庙会	1
	十八	西村	罗口	古庙会	1
	十九	鲁庄	里河	古庙会	1
	二十	康店	赵沟	古庙会	1
	二十	鲁庄	关帝庙	古庙会	1
	二十	沙渔沟	七里铺	古庙会	1
	廿二	鲁庄	东候	古庙会	1
	廿五	康店	西黑石关	古庙会	1
	廿七	西村	西村	古庙会	1
十一月	初二	回郭镇	北罗柏玉	冬至会	阳历12月22至23
	初二	康店	张岭	冬至会	1
	初五	鲁庄	冯寨	古庙会	1
	初六	孝义	南地	古庙会	1
	初七	鲁庄	苏家庄	古庙会	1
	初八	鲁庄	外河	古庙会	1
	十二	西村	圣水	古庙会	1
	十五	孝义	和义沟	古庙会	1
	十九	鲁庄	北候	古庙会	1
	二十	芝田	益家窝	古庙会	1
	二十	芝田	芝田村	古庙会	1
	廿二	西村	西村	物交会	4
	廿四	鲁庄	后林	古庙会	1
	12月30日至元月1日	回郭镇	向阳村	物交会	逢阳历

续表

十二月	初一	回郭镇	柏漫	古庙会	1
	初四	夹津口	王沟	古庙会	1
	初五	西村	西村	物交会	3
	初六	鲁庄	安头	古庙会	1
	初六	芝田	芝田	古庙会	1
	初八	芝田	后泉沟	腊八古会	1
	初八	涉村	涉村街	腊八古会	1
	初八	南河渡	石关	原石窟寺古会	1
	初九	回郭镇	南罗	古庙会	1
	初九	芝田	北石	古庙会	1
	初九	芝田	羽林庄	古庙会	1
	初十	康店	康店	古庙会	1
	十一	芝田	寨沟	古庙会	1
	十二	芝田	稍柴	古庙会	1
	十五	站街	站街	古庙会	1
	十六	西村	车元	古庙会	1
	十八	回郭镇	清易镇	古庙会	1
	二十	鲁庄	南候	古庙会	1
	二十	芝田	蔡庄	古庙会	1
	二十	康店	焦湾	古庙会	1
	廿二	北山口	南山口	古庙会	1
	廿三	西村	堤东	古庙会	1
	廿六	芝田	芝田	古庙会	1

集日

	地点	时间	备考
	县城	每逢星期日为大集日	天天集
	站街	每逢农历见八之日为集贸日	初八、十八、廿八
	回郭镇	每逢阳历5、10日者为集贸日	5日、10日
	回郭镇	每月阳历逢10为大集	15、20、25、30日
	涉村	每逢星期日为集贸日	
	大峪沟	每逢农历三、七为集贸日	逢三、七
	米河	每逢阳历3、7日为集日	3、7、13、17、23、27
	西村	每逢阳历1、11、21日为集日	
	两河口	天天集	
	鲁庄乡赵城	农历逢五为集贸日	初五、十五、廿五
	鲁庄乡南后	阳历逢7为集贸日	7、17、27日

新密市庙会会谱

（以乡镇排列为序）

月	日	乡（镇）别	会址	会别	天数
正月	初六	尖山乡	尖山关爷庙	水会	1
	初六	牛店镇	古角	水会	1
	初七	超化镇	超化街	水会	1
	初七	超化镇	圣帝庙	水会	1
	初七	刘寨镇	观音堂	水会	1
	初七	大隗镇	观寨	水会	1
	初七	城关镇	城关	水会	1
	初九	白寨镇	刘堂	水会	1
	初九	平陌镇	龙泉	水会	1
	初十	苟堂镇	玉皇庙	水会	1
	初十	超化镇	黄固寺	水会	1
	初十	牛店镇	高村	水会	1
	初十	平陌镇	杨台	水会	1
	初十	米村镇	小土*	水会	1
	十二	曲梁乡	五虎庙	水会	1
	十三	白寨镇	桑树湾	水会	1
	十三	城关镇	天仙庙	水会	1
	十三	牛店镇	张湾	水会	1
	十四	来集镇	苏寨	水会	1
	十五	尖山乡	桑树湾	水会	1
	十六	大隗镇	大隗	水会	1
	十九	米村镇	火神庙	水会	1
	十九	曲梁乡	马庄	水会	1
	十九	刘寨镇	老寨	水会	1
	十九	平陌镇	平陌街	水会	1
	廿二	苟堂镇	苟堂	水会	1
	廿二	来集镇	李堂	水会	1
	廿二	曲梁乡	下牛	水会	1
	廿二	牛店镇	曹寨	水会	1
	廿二	白寨镇	黑于沟	水会	1
	廿五	大隗镇	大路沟	水会	1
	廿五	超化镇	竹园沟	水会	1
	廿五	袁庄乡	袁庄	水会	1
	廿五	牛店镇	北召	水会	1
	廿五	刘寨镇	西马庄	水会	1
	廿八	岳村镇	岳村	水会	1
	廿八	大隗镇	大坡寨	水会	1
	廿八	苟堂镇	付寨	水会	1
	廿八	牛店镇	潭村湾	水会	1
二月	初一	来集镇	马沟	水会	1
	初一	牛店镇	古树湾	水会	1
	初二	超化镇	超化街	水会	1
	初二	超化镇	崔庄	水会	1
	初二	米村镇	米村街	水会	1
	初二	白寨镇	圣水峪	水会	1
	初二	刘寨镇	刘寨	水会	1
	初三	大隗镇	大隗	水会	1
	初三	曲梁乡	郭庄	水会	1
	初三	城关镇	东关	水会	1
	初五	曲梁乡	周庄	水会	1
	初五	刘寨镇	吕楼	水会	1
	初五	超化镇	杏树岗	水会	1
	初五	袁庄乡	青河	水会	1
	初六	大隗镇	大庙	水会	1
	初六	曲梁乡	二郎岗	水会	1
	初八	刘寨镇	赵贵岗	水会	1
	初八	牛店镇	朱泉寺	水会	1
	初八	超化镇	草庙	水会	1
	初九	城关镇	马场河	水会	1
	初九	米村镇	石坡口	水会	1
	初九	来集镇	杨河	水会	1
	初九	超化镇	胡地	水会	1
	初十	刘寨镇	黄龙庙湾	水会	1
	初十	超化镇	楼元沟	水会	1
	初十	岳村镇	尹村沟	水会	1
	十一	白寨镇	丁沽驼	水会	1
	十二	城关镇	天仙庙	水会	1
	十二	平陌镇	界河	水会	1
	十二	平陌镇	大坡	水会	1
	十二	大隗镇	河屯	水会	1
	十二	米村镇	安口庙	水会	1
	十五	平陌镇	平陌街	水会	1
	十五	超化镇	东栗林	水会	1
	十五	牛店镇	张湾	水会	1
	十五	苟堂镇	关口	水会	1
	十五	曲梁乡	新庄	水会	1
	十六-十八	来集镇	来集	物交	3
	十八	平陌镇	牛岭	水会	1
	十九	刘寨镇	李岗	水会	1
	十九	苟堂镇	河西	水会	1
	十九	牛店镇	高村	水会	1
	十九	超化镇	油坊沟	水会	1
	十九	大隗镇	双楼	水会	1
	廿一	岳村镇	司家门	水会	1
	廿二	曲梁乡	全庄	水会	1
	廿二	超化镇	草庙	水会	1

续表

	廿二	大隗镇	纸坊	水会	1
	廿二	米村镇	李宽窑	水会	1
	廿四	大隗镇	龙王庙	水会	1
	廿五	曲梁乡	寺河	水会	1
	廿五	超化镇	黄路山	水会	1
	廿五	岳村镇	尹村沟	水会	1
	廿五	刘寨镇	李岗	水会	1
	廿五	大隗镇	山头湾	水会	1
	廿八	白寨镇	堂沟	水会	1
	廿八	曲梁乡	豆沟	水会	1
	廿八	牛店镇	陈庄	水会	1
	廿八	平陌镇	刘沟	水会	1
	廿八	岳村镇	土门石沃	水会	1
三月	初一	袁庄乡	郭庄	水会	1
	初一	刘寨镇	刘寨	水会	1
	初一	城关镇	西瓦店	水会	1
	初一	来集镇	翟沟	水会	1
	初三	平陌镇	龙泉	水会	1
	初三	岳村镇	三叉口	水会	1
	初三	苟堂镇	劝门	水会	1
	初三	来集镇	岳岗	水会	1
	初三	米村镇	大红	水会	1
	初三	牛店镇	陈庄	水会	1
	初三	超化镇	周岗	水会	1
	初三	刘寨镇	赵贵岗	水会	1
	初五	来集镇	马武寨	水会	1
	初六	平陌镇	平陌街	水会	1
	初六	苟堂镇	方沟	水会	1
	初八	大隗镇	大隗	水会	1
	初九	牛店镇	牛店	水会	1
	初九	来集镇	马沟	水会	1
	初十	袁庄乡	张黄岭	水会	1
	初十	平陌镇	扎子沟	水会	1
	十二	曲梁乡	高洼	水会	1
	十二	平陌镇	耿台	水会	1
	十三	袁庄乡	方沟	水会	1
	十五	来集镇	陈沟	水会	1
	十五	牛店镇	北召	水会	1
	十五	城关镇	刘里沟	水会	1
	十五	超化镇	樊寨	水会	1
	十八	曲梁乡	磨石坑	水会	1
	十八	牛店镇	张湾	水会	1
	十八	苟堂镇	付寨	水会	1
	十八	岳村镇	岳村	水会	1
	十九	刘寨镇	观音堂	水会	1

续表

	二十	白寨镇	白寨	水会	1
	二十	白寨镇	刘堂	水会	1
	二十	苟堂镇	玉皇庙	水会	1
	廿一	城关镇	城关	水会	1
	廿一	苟堂镇	靳寨	水会	1
	廿二	超化镇	新庄	水会	1
	廿二	牛店镇	曹寨	水会	1
	廿二	大隗镇	双楼	水会	1
	廿五	平陌镇	平陌街	水会	1
	廿五	牛店镇	月台	水会	1
	廿五	米村镇	西大庙	水会	1
	廿五	超化镇	东店	水会	1
	廿八	岳村镇	赵寨村	水会	1
	廿八	超化镇	圣帝庙	水会	1
	廿八	刘寨镇	朱马庄	水会	1
	廿八	白寨镇	山白	水会	1
	小满会	来集镇	黄寨	水会	1
	小满会	来集镇	马沟	水会	1
	小满会	白寨镇	高庙		1
	小满会	白寨镇	韦沟		1
	小满会	岳村镇	岗坡	水会	1
	小满会	牛店镇	月台	水会	1
	小满会	米村镇	方山	水会	1
	小满会	曲梁乡	付里庄	水会	1
	小满会	大隗镇	窑沟	水会	1
	立夏会	超化镇	灰徐沟	水会	1
四月	初一	岳村镇	芦沟	水会	1
	初一	苟堂镇	关口	水会	1
	初一	来集镇	山阳沟	水会	1
	初一	牛店镇	唐村湾	水会	1
	初一	曲梁乡	王岗	水会	1
	初一	城关镇	天仙庙	水会	1
	初二	平陌镇	崔沟	水会	1
	初三	袁庄乡	方沟	水会	1
	初四	岳村镇	尹村沟	水会	1
	初四	苟堂镇	粟树坟	水会	1
	初四	米村镇	范村	水会	1
	初四	平陌镇	白龙庙	水会	1
	初五	袁庄乡	庙岗	水会	1
	初五	牛店镇	谢寨	水会	1
	初五	曲梁乡	牛庵	水会	1
	初七	曲梁乡	周洼	水会	1
	初八	超化镇	超化街	水会	1
	初八	大隗镇	大隗	水会	1

续表

	初八	牛店镇	北召	水会	1
	初十	牛店镇	三古槐	水会	1
	初十	城关镇	南关	水会	1
	初九	岳村镇	梨树口	水会	1
	初九	袁庄乡	龙泉寺	水会	1
	初十	超化镇	莪沟	水会	1
	初十	曲梁乡	五虎庙	水会	1
	十一	岳村镇	驼腰后河	水会	1
	十二	平陌镇	平陌街	水会	1
	十五	刘寨镇	刘寨	水会	1
	十五	刘寨镇	观音堂	水会	1
	十八	大隗镇	大隗	水会	1
	十八	来集镇	庙前	水会	1
	廿八	刘寨镇	老寨	水会	1
五月	初四	曲梁乡	河西	水会	1
	初五	白寨镇	白寨	水会	1
	十三	超化镇	樊寨	水会	1
	十三	超化镇	灰徐沟	水会	1
	十五	来集镇	来集	水会	1
	十七	牛店镇	月台	水会	1
	十七	大隗镇	大隗	水会	1
	廿一	曲梁乡	曲梁	水会	1
	廿三	白寨镇	柳沟	水会	1
	廿五	米村镇	米村街	水会	1
	廿八	城关镇	城关	水会	1
六月	初二	刘寨镇	朱马庄	水会	1
	初六	岳村镇	乔沟	水会	1
	初六	大隗镇	陈庄	水会	1
	初六	大隗镇	大庙	水会	1
	初六	超化镇	超化街	水会	1
	初六	白寨镇	白寨	水会	1
	初六	曲梁乡	牛集	水会	1
	初六	城关镇	西瓦店	水会	1
	初六	尖山乡	尖山关爷庙	水会	1
	初八	超化镇	圣帝庙	水会	1
	初九	平陌镇	平陌街	水会	1
	初十	牛店镇	张湾	水会	1
	十二	超化镇	东店	水会	1
	十二	米村镇	后士郭	水会	1
	十二	刘寨镇	刘寨	水会	1
	十五	岳村镇	岳村	水会	1
	十五	大隗镇	王沟	水会	1
	十五	曲梁乡	蒋庄	水会	1
	十五	尖山乡	尖山闲	水会	1

续表

	十八	超化镇	小寨	水会	1
	十八	刘寨镇	朱马庄	水会	1
	十九	大隗镇	大隗	水会	1
	廿二	超化镇	超化街	水会	1
	廿三	白寨镇	白寨	水会	1
	廿三	刘寨镇	观音堂	水会	1
	廿五	米村镇	米村街	水会	1
	廿六	刘寨镇	刘寨	水会	1
	廿七	曲梁乡	庙朱	水会	1
	廿八	平陌镇	扎子河	水会	1
	廿九	曲梁乡	候庄	水会	1
	清明会	大隗镇	陈庄	水会	1
	清明会	平陌镇	苏岭	水会	1
	初伏会	平陌镇	龙泉	水会	1
七月	初一	大隗镇	大隗	水会	1
	初一	白寨镇	史沟	水会	1
	初一	平陌镇	白龙庙	水会	1
	初三	岳村镇	杨岗	水会	1
	初三	曲梁乡	郭庄	水会	1
	初三	大隗镇	黄湾寨	水会	1
	初七	超化镇	胡地	水会	1
	初七	牛店镇	马河	水会	1
	初七	白寨镇	皇帝岭	水会	1
	初七	刘寨镇	吕楼	水会	1
	初十	牛店镇	三古槐	水会	1
	十一	米村镇	米村街	水会	1
	十三	超化镇	申沟	水会	1
	十三	白寨镇	光武陈	水会	1
	十五	大隗镇	五里堡	水会	1
	十五	超化镇	胡地	水会	1
	十五	牛店镇	北召	水会	1
	十五	曲梁乡	曲梁	水会	1
	十八	曲梁乡	牛集	水会	1
	十八	尖山乡	牛新石	水会	1
	十九	城关镇	五里店	水会	1
	廿二	大隗镇	双楼	水会	1
	廿二	来集镇	李堂	水会	1
	廿二	刘寨镇	观音堂	水会	1
	廿三	大隗镇	大隗	水会	1
	廿三	曲梁乡	王岗	水会	1
	廿五	岳村镇	岳村	水会	1
	廿五	超化镇	圣帝庙	水会	1
	廿八至八月一	来集镇	来集	物交	4
八月	初一	苟堂镇	靳寨	水会	1

续表

	初三	大隗镇	双楼	水会	1
	初三	大隗镇	大隗	水会	1
	初六	刘寨镇	宋寨	水会	1
	十三	白寨镇	翟沟	水会	1
	十五	刘寨镇	刘寨	水会	1
	十六	城关镇	城关	水会	1
九月	初一	来集镇	马沟	水会	1
	初一	城关镇	东关	水会	1
	初三	平陌镇	平陌街	水会	1
	初四	大隗镇	大隗	水会	1
	初六	大隗镇	纸坊	水会	1
	初九	岳村镇	茶庵岭	水会	1
	初九	大隗镇	和合	水会	1
	初九	苟堂镇	靳寨	水会	1
	初九	超化镇	超化街	水会	1
	初九	牛店镇	牛店	水会	1
	初九	白寨镇	圣水峪	水会	1
	初九	城关镇	南关	水会	1
	十二	大隗镇	张庄	水会	1
	十二	来集镇	岳岗	水会	1
	十二	曲梁乡	郭岗	水会	1
	十三	超化镇	李坡	水会	1
	十三	刘寨镇	观音堂	水会	1
	十五	大隗镇	陈庄	水会	1
	十五	白寨镇	油坊庄	水会	1
	十五	曲梁乡	五虎庙	水会	1
	十六	牛店镇	月台	水会	1
	十五至廿二	来集镇	李堂	物交	
	十六	大隗镇	侯庄	水会	1
	十八	大隗镇	观寨	水会	1
	十八	岳村镇	红泉沟	水会	1
	二十	袁庄乡	山顶	水会	1
	二十	曲梁乡	牛集	水会	1
	二十四	岳村镇	赵寨村	水会	1
	二十五	平陌镇	平陌街	水会	1
	二十六	苟堂镇	苟堂	水会	1
	二十六	米村镇	南桥	水会	1
	二十八	大隗镇	陈庄	水会	1
	二十八	袁庄乡	袁庄	水会	1
	立秋会	大隗镇	大路沟	水会	1
	冬至会	大隗镇	大隗	水会	1
十月	初一	超化镇	周岗	水会	1
	初一	岳村镇	任岗	水会	1
	初一	岳村镇	张沟	水会	1
	初一	来集镇	郭岗	水会	1

续表

	初一	白寨镇	光武陈	水会	1
	初一	曲梁乡	高洼	水会	1
	初一	刘寨镇	老寨	水会	1
	初二	曲梁乡	河西	水会	1
	初三	白寨镇	油坊庄	水会	1
	初四	来集镇	马沟	水会	1
	初四	来集镇	杨河	水会	1
	初四	牛店镇	连环寨	水会	1
	初五	城关镇	方寨	水会	1
	初五	来集镇	马武寨	水会	1
	初六	岳村镇	乔沟	水会	1
	初六	牛店镇	南龙	水会	1
	初八	米村镇	石坡口	水会	1
	初八	刘寨镇	张庄	水会	1
	初九	米村镇	朱家庵	水会	1
	初十	曲梁乡	曲梁	水会	1
	十二	苟堂镇	叶寨	水会	1
	十二	平陌镇	虎岭	水会	1
	十三	大隗镇	陈庄	水会	1
	十五	岳村镇	岳村	水会	1
	十五	大隗镇	双楼	水会	1
	十五	白寨镇	桑树湾	水会	1
	十五	超化镇	崔庄	水会	1
	十五	米村镇	米村街	水会	1
	十五	曲梁乡	下牛	水会	1
	十五	城关镇	五里店	水会	1
	十六	平陌镇	马家门	水会	1
	十六	平陌镇	扎子沟	水会	1
	十八	超化镇	超化街	水会	1
	十八	袁庄乡	靳沟	水会	1
	十八	刘寨镇	王沟	水会	1
	十八	白寨镇	刘堂	水会	1
	二十四	尖山乡	沙谷堆	水会	1
	二十六	白寨镇	洛沟	水会	1
	二十七	牛店镇	北召	水会	1
	二十八	米村镇	马寨	水会	1
	冬至会	曲梁乡	岗牛	水会	1
十一月	初一	曲梁乡	周渡口	水会	1
	初三	平陌镇	平陌街	水会	1
	初五	城关镇	西关	水会	1
	初八	平陌镇	崔沟	水会	1
	十五	袁庄乡	桑园	水会	1
	十五	来集镇	陈沟	水会	1
	十五	白寨镇	张湾	水会	1
	十五	白寨镇	光武陈	水会	1

续表

	十五	刘寨镇	刘寨	水会	1
	二十五	白寨镇	李湾	水会	1
	二十八	牛店镇	北召	水会	1
十二月	初一	刘寨镇	观音堂	水会	1
	初一-初三	来集镇	来集	物交	3
	初三	苟堂镇	玉皇庙	水会	1
	初五	袁庄乡	姚山	水会	1
	初八	大隗镇	大隗	水会	1
	初八	白寨镇	北召	水会	1
	初八	白寨镇	黑于沟	水会	1
	十一	米村镇	顺谣	水会	1
	十二	白寨镇	棚岗	水会	1
	十五	白寨镇	山白	水会	1
	十八	岳村镇	张沟	水会	1
	十八	白寨镇	下庄河	水会	1
	二十	袁庄乡	郭庄	水会	1
	二十一	城关镇	城关	水会	1
	二十二	袁庄乡	井沟	水会	1
	二十二	超化镇	小寨	水会	1
	逢星期一会	白寨镇	下庄河		
	冬至会	白寨镇	王寨河		1
日	天天集	城关镇	城关	集	1
日	逢三绳会	刘寨镇	观音堂	会	
	星期三	岳村镇	芦沟	集日	
	星期日	岳村镇	乔沟	集日	
	逢一	岳村镇	司家门	绳会	
	逢双日	大隗镇	大隗	集日	
	逢双日集	大隗镇	陈庄	集日	
	逢单日集	大隗镇	双楼	集日	
	逢单日集	大隗镇	纸坊	集日	
	小满会	苟堂镇	靳寨	水会	1
	小满会	苟堂镇	玉皇庙	水会	1
	逢双日集	苟堂镇	苟堂	集日	1
	逢单日集	苟堂镇	关口	集日	1
	逢单日集	苟堂镇	玉皇庙	集日	1
	天天集	超化镇	超化街	集日	

续表

	逢双日集	超化镇	灰徐沟		
	逢星期三	超化镇	申沟		
	逢十绳会	超化镇	圣帝庙		
	逢六绳会	超化镇	圣帝庙	绳会	
	逢星期三会	袁庄乡	袁庄		1
	逢星期五会	袁庄乡	井沟		1
	逢除1、11、21	袁庄乡	郭庄		1
	逢星期三会	袁庄乡	袁庄		1
	逢星期五会	袁庄乡	井沟		1
	逢星期三会	白寨镇	庄王		
	逢星期日会	白寨镇	白寨街	水会	
	逢星期日会	米村镇	米村		
	逢星期四绳会	米村镇	米村		
	逢星期日集	刘寨镇	宋寨	集	
	逢九绳会	刘寨镇	老寨	会	
	逢星期日集	曲梁乡	下牛	集日	
	逢双日集	曲梁乡	蒋坡	水会	
	逢双日集	曲梁乡	牛集	水会	
	逢双日集	曲梁乡	尚庄	水会	
	逢单日集	曲梁乡	寺河	水会	
	逢双日集	平陌镇	平陌街	集日	
	逢八绳会	平陌镇	杨台	绳会	
	逢星期四绳会	平陌镇	郑庄	绳会	
	逢星期二绳会	尖山乡	尖山	水会	
	逢星期二绳会	尖山乡	尖山	水会	

新郑市庙会会谱

月	日	会址	方向	里程（华里）	天数
一月	初七	郑老庄	小乔东北	4	1
	初七	袁集	城西	10	1
	初七	史庄	观音寺东	2	1
	初七	武岗	城北	30	1
	初七	许窑	城北	18	1
	初七	田王	薛店东	4	1
	初八	朱庄	郭店东北	3	1
	初十	龙王	城东北	25	1
	初十	东郭寺	城西	5	1
	初十	沂水寨	观音寺南	3	1
	初十	浮沱	城南	7	1
	初十	城后马	小乔东	5	1
	十二	铁炉	辛店北	3	1
	十二	王道国庄	城西南	8	1
	十二	绰刘			1
	十六	郭店	城北	15	1
	十六	岗王	龙王北	3	1
城内					
	十六	马沟	千户寨北	2	1
	十六	前吕	梨河西南	3	1
	十九	辛店	城西	10	1
	十九	薛店	城东北	28	1
	十九	林锦店	郭店北	4	1
	二十	马寨	城西	6	1
	二十	马安	郭店东	2	1
	二十	黄桥	梨河西	2	1
	廿二	大范庄	郭店东	4	1
	廿二	七里堂	城南	3	1
	廿二	小朱庄	城南	4	1
	廿二	小李楼	车站南	2	1
	廿二	东王马	八千北	1	1
	廿三	楼庄	观音寺东南	5	1
	廿五	常刘	薛店南	2	1
	廿五	王口	小乔西	4	1
	廿五	北吴庄	城北	5	1
	廿六	阎针李	观音寺西南	4	1
	廿六	木庄	梨河西	2	1
	廿八	薛店车站	城北	25	1

续表

	廿八	龙沾洼	五里口东	6	1
	廿八	司洼	城北	15	1
	廿八	闵沟	城西南	5	1
	廿八	花庄	薛店西	3	1
	廿八	柴楼	梨河东南	4	1
二月	初一	樊河	辛店南	2	1
	初二	郭老庄	辛店南	3	1
	初二	梅河	八千东南	5	1
	初二	吴李庄	城北	3	1
	初二	小李楼	车站南	2	1
	初二	曹庄	城西	6	1
	初二	娘娘庙	孟庄北	2	1
	初二	老观李	城南	5	1
	初二	梅山	小乔西	5	1
	初二	小李庄	郭店西	2	1
	初四	大梨园	辛店北	5	1
	初四	二郎店	八千南	4	1
	初五	十里铺	城南	5	1
	初五	二十里铺	新村北	5	1
	初五	清陵寺	小乔西	4	1
	初六	河楼	辛店西	2	1
	初六	酒孙	孟庄西南	2	1
	初六	王洞	郭店南	2	1
	初六	翟庄	观音寺西南	4	1
	初八	枣陈	八千东北	5	1
	初九	大杨庄	五里口东南	2	1
	初九	大贾庄	观音寺西南	5	1
	初九	小乔	城北	20	1
	初九	南李庄	辛店东南	8	1
	初十	张庄	辛店南	3	1
	初十	刘庄	新村西	2	1
	初十	柴楼	城西南	2	1
	十一	坡刘	车站东北	5	1
	十一	尹庄	车站东北	3	1
	十二	老观寨	新村北	5	1
	十二	老营	机场东北	2	1
	十二	冯庄	老观寨北	3	1
	十二	官刘庄	城西	3	1
	十二	荆洞	小乔北	2	1
	十三	岳寨	小乔西北	4	1

附录

续表

	十五	太清	城西南	13	1
	十五	王许	小桥西北	4	1
	十五	庙东陈	薛店西南	4	1
	十六	小司	郭店西	5	1
	十六	苏庄	十八里河	3	1
	十六	周湾	新村西	6	1
	十六	河李	梨河东北	3	1
	十八	小李庄	八千东南	6	1
	十八	张庄	城西	5	1
	十八	侯庙	城东北	5	1
	十八	杜庄	八千南	5	1
	十八	龙王庙坡	新村东	4	1
	十九	鲁姑店	观音寺北	1	1
	十九	郭寨沟	辛店南	3	1
	十九	林锦店	郭店北	4	1
	十九	白庙范	城东	3	1
	十九	任庄	车站南	2	1
	十九	宰相陈	五里口东南	2	1
	二十	周庄	城西关	1	1
	二十	小芦	小乔西北	3	1
	二十	常口	孟庄西	3	1
	二十	三刘	梨河西南	6	1
	廿一	君赵	八千南	2	1
	廿一	黄岗	观音寺东	2	1
	廿二	小乔沟	小乔西南	3	1
	廿四	敬楼	城西南	5	1
	廿四	牛庄	观音寺西南	2	1
	廿五	岳庄	辛店西	3	1
	廿五	城阁寺	城东北	15	1
	廿六	苏张	观音寺西南	4	1
	廿九	大朱庄	观音寺西南	3	1
三月	初一	吴陈	城北	6	1
	初一	泰山坡	小乔西南	4	1
	初一	大范庄	郭店东	4	1
	初二	万庄	观音寺南	2	1
	初三	清岗庙	新店镇政府西南	16	1
	初三	岗李	城南	8	1
	初三	楼刘	八千南	3	1

续表

	初三	庙后唐	龙王北	3	1
	初三	铁李	龙王南	1	1
	初三	郭村韩	龙王东	5	1
	初三	庙前刘	龙王北	4	1
	初三	郭店	城北	18	1
	初三	霹雳店	龙王西南	4	1
	初三	山王马	孟庄西	5	1
	初三	刘沟	龙湖镇政府西南	20	1
	初四	山枣林	陉山北	4	1
	初六	大董	观音寺东	3	1
	初六	何郑	城东	5	1
	初六	包嶂山	城北	13	1
	初六	崔洞	小乔东北	3	1
	初六	湾洼	新村西北	4	1
	初九	碾芦	孟庄西	2	1
	初九	杨湾	城西北	11	1
	初九	史唐	观音寺南	3	1
	初九	小史庄	观音寺南	1	1
	初九	端庄	城西	5	1
	初九	岑后	郭店北	4	1
	初十	木庄	城东	9	1
	初十	邢庄	八千乡政府南	5	1
	初十	西李庄	辛店北	8	1
	初十	大司	小乔西	2	1
	十二	唐户	观音寺南	3	1
	十二	二郎店	八千东南	5	1
	十二	菜园马	薛店东北	7	1
	十二	许岗	辛店东南	3	1
	十三	古城	小乔西北	4	1
	十五	张玉庄	新华路办事处东北	2	1
	十五	玉前庙	城东	1	1
	十五	东土桥	城西	10	1
	十五	前时	郭店南	2	1
	十五	陈庄	观音寺镇政府西南	9	1
	十六	屯孙	新村西北	6	1
	十六	袁堡	郭店北	4	1
	十六	关帝庙	车站北	3	1
	十六	赵庄	梨河西南	3	1
	十八	沙住庙	车站东	3	1

续表

	十八	王庄	辛店西	3	1
	十八	后门张	城西	6	1
	十九	高辛店	梨河东	3	1
	十九	英李	观音寺南	2	1
	十九	刘知州村	郭店西北	3	1
	二十	裴尚庙	辛店东南	5	1
	二十	大赵	小乔西	3	1
	二十	铜佛赵	郭店西	4	1
	廿一	赵郭李	东站北	8	1
	廿二	李岗	老观寨西	2	1
	廿二	东张寨	小乔东	6	1
	廿二	下寨	小乔南	3	1
	廿三	贾店	郭店西北	3	1
	廿四	杜楼	城东南	8	1
	廿四	沟冯	观音寺南	3	1
	廿五	凌岗	郭店西北	3	1
	廿五	花庙	薛店西北	3	1
	廿六	郭庄	郭店东北	3	1
	廿六	贾岗	辛店西南	6	1
	廿六	郑堡	小乔东北	5	1
	廿七	小李庄	辛店东南	3	1
	廿八	千户寨	辛店镇政府东南	12	1
	廿八	城内			
	廿八	高庄	孟庄镇政府东南	9	1
	廿八	寺西王	薛店北	6	1
	廿八	太山坡	小乔西南	5	1
	廿八	山后村	小乔西	3	1
四月	初一	高寺	郭店北	5	1
	初一	荆王	小乔西南	4	1
	初一	中刘	孟庄东	3	1
	初二	人和	辛店东北	8	1
	初二	观音寺	城西南	9	1
	初四	袁集	新郑西	10	1
	初四	辛庄	龙王北	5	1
	初五	梅山	小乔西	4	1
	初五	梨河	城南	5	1
	初六	南曹	孟庄北	8	1
	初六	胡家沟	千户寨东南	2	1

续表

	初八	东郭寺	城西	6	1
	初八	王口	小乔西南	5	1
	初八	平庄	龙王东北	8	1
	初八	沂水寨	观音寺南	3	1
	初十	太清	观音寺西南	5	1
	十一	郭店	城北	25	1
	十一	刘店	城北	15	1
	十二	袁集	辛店东北	8	1
	十二	薛店	城北	18	1
	十五	梨河	城南	4	1
	十五	辛店	城西	10	1
	十八	太清	城西南	13	1
	十八	郭庄	小乔西	3	1
	廿五	梨河	城南	4	1
	廿八	袁集	城西	10	1
五月	初五	郭店	城北	25	1
	十三	城内			
	廿五	王老庄	城西北	5	1
	廿五	梅山	小乔西北	8	1
	廿五	王许	小乔西北	4	1
	廿五	郑老庄	小乔东	4	1
	廿八	水泉	新村西北	5	1
	廿八	张寨	小乔西北	3	1
六月	初一	沙窝李	小乔东北	3	1
	初一	孙河	辛店西	3	1
	初四	魏庄	小乔东	4	1
	初六	高庄	孟庄南	5	1
	初六	武岗	郭店西	3	1
	初六	鲁姑庄	观音寺北	1	1
	初六	辛店	城西	13	1
	初六	庙后唐	龙王北	3	1
	初六	霹雳店	龙王西南	5	1
	初六	寺西王	孟庄南	2	1
	初八	宋庄	孟庄东	4	1
	初十	五里堡	郭店南	2	1
	十二	钟寨	城西北	7	1
	十三	谢庄	孟庄北	4	1
	十九	太山坡	小乔西南	4	1
	廿三	郭店	城北	20	1
	廿三	观音寺	城西南	10	1

续表

	廿五	王许	小乔西北	8	1
七月	初一	山东乔	小乔西	4	1
	初三	刘口	小乔西南	5	1
	初七	连环寨	郭店北	3	1
	初七	陵岗	郭店北	3	1
	初十	罗庄	新村西北	6	1
	初十	白庙贾	观音寺西南	3	1
	十二	头甲王	观音寺西南	3	1
	十三	乔户	观音寺南	4	1
	十五	三十里铺	城北	15	1
	十五	辛店	城西	13	1
	十六	花牛李	观音寺西北	3	1
	十九	山南王	城西北	25	1
	十九	荆王	小乔西南	4	1
	二十	德寨	小乔东南	3	1
	廿一	山西乔	小乔西	5	1
	廿一	郭店	城北	20	1
	廿一	太清	观音寺西南	4	1
	廿二	林锦店	郭店北	4	1
	廿五	孙庄	小乔东	2	1
八月	初三	郭店	城北	20	1
	初三	城皇庙	城北	20	1
	初四	王许	小乔西北	4	1
	初六	人和	辛店东北	8	1
	十五	东郭寺	城西	6	1
	二十	岳口	观音寺西南	8	1
	廿九	观音寺	城西南	13	1
九月	初一	林锦店	郭店北	6	1
	初一	娘娘庙	辛店西	2	1
	初三	人和	辛店东北	8	1
	初九	王口	小乔西南	10	1
	初九	郭店	城北	20	1
	初九	赵大楼	梨河东	5	1
	初九	田王	龙王北	4	1
	初九	千户寨	城西南	13	1
	十三	唐寨	孟庄西	5	1
	十三	郭店	城北	18	1
	十三	沂水	观音寺南	4	1
	十六	龙王	城北	13	1
	十八	五虎赵	城西南	14	1
	二十	岳口	观音寺西寺	6	1
	二十	王寨	城西北	7	1

续表

	廿三	常家庄	孟庄西	7	1
	廿三	郭寨	孟庄西	5	1
	廿六	小赵	小乔西北	3	1
十月	初一	文正	城东北	20	1
	初一	赵家寨	辛店东北	1	1
	初二	柏树刘	小乔南	1	1
	初二	老观寨	新村东北	4	1
	初三	岳庄	辛店西	3	1
	初三	八府	郭店东	3	1
	初四	前河刘	城西南	8	1
	初四	鲁楼	辛店东北	2	1
	初五	郭寨沟	千户寨东	3	1
	初五	冯寺	郭店西南	4	1
	初五	曹店	薛店东南	3	1
	初六	铁炉	辛店北	3	1
	初六	代湾	新村西北	4	1
	初六	候庄	小乔北	3	1
	初六	张沟	小乔西	9	1
	初七	南场	观音寺北	1	1
	初七	贾岗	辛店西北	3	1
	初八	木梳李	车站东北	3	1
	初八	李庄	郭店西南	5	1
	初九	王口	小乔西南	5	1
	初十	唐河	孟庄西	5	1
	初十	高庄	孟庄镇政府东南	9	1
	初十	欧阳寺	辛店北	2	1
	初十	路庄	八千乡政府东南	7	1
	初十	沂水寨	观音寺南	3	1
	初十	东徐	小乔西北	3	1
	初十	中王庙	城东南	15	1
	十二	杜庄	城西	5	1
	十三	李洞	新村北	1	1
	十三	香炉朱	八千乡政府东南	8	1
	十三	石槽王	孟庄西南	4	1
	十三	栗元史	孟庄西南	4	1
	十五	郭老庄	千户寨东	2	1
	十五	荆王	城西北	25	1
	十六	山东乔	小乔西	2	1
	十八	河楼	辛店西	2	1
	二十	史庄	辛店西南	4	1

续表

	廿六	西土桥	辛店东北	6	1
十一月	初二	王毕庄	新村北	7	1
	初五	文士湾	新村西北	69	1
	初十	后高庄	辛店南	3	1
	廿九	军李	辛店东南	4	1
十二月	二十	许窑	辛店南	2	1
	节气会				
	清明节	王道	龙王东	9	
		陡沟	机场东	10	
		王庙咀	小乔西北	8	
	小满	水泉	新村西北	5	
		山石王	机场北	5	
		张庄	辛店镇政府东南	7	
		王许	小乔西北	4	
	后三天	三十里铺	郭店南	5	
	冬至	界牌	辛店东北	4	
	元旦	陉山	观音寺西南	10	
	定期绳会				
	一四七		五里口		
	一四七		观音寺		
	一四七		赵郭李		
	一四七		何郑		
	一四七		三官庙		
	一四七		机场		
	一四七		山西乔（芦庄）		
	二五八		薛店		
	二五八		尹庄		
	二五八		林锦店		
	三六九		君赵		
	三六九		龙王		
	三六九		孟庄		
	三六九		北吴庄		
	三六九		莱王		
	三六九		张沟		
	星期天		南头甲王、南张庄		
	星期天		薛店车站		
	逢五、逢十		王庄		

荥阳市庙会会谱

月	日	会址	方向	里程	天数
正月	初四	东史村	荥阳西北	10	1
	初四	西马固	上街西南	3	1
	初六	后　殿	王村西小	5	1
	初七	龙泉寺	廿铺北	10	1
	初七	王村	贾峪西	10	1
	初七	石嘴	上街西南	40	1
	初九	罗圈寨	乔楼南	5	1
	初九	高村	荥阳北	30	1
	初九	蒋头	王村东南	5	1
	初十	新寨	崔庙南	10	1
	初十	杨跺	荥阳西南	6	1
	初十	石洞沟	高山正南	2	1
	初十	翟沟	崔庙西小	5	1
	初十	茹寨	廿铺东北	5	1
	十二	木楼	王村东北	5	1
	十二	竹川	峡窝西南	5	1
	十三	崔庙	荥阳正南	30	1
	十三	口子	汜水西北	5	1
	十三	王庄	荥阳西北	6	1
	十三	代庙	乔楼东南	10	1
	十六	刘河	荥阳西南	40	1
	十六	柏朵	荥阳西北	20	1
	十六	汜水	荥阳正西	40	1
	十六	东铺	荥阳正东	20	1
	十七	邢村	上街西南	5	1
	十八	汜水	汜水车站	2	1
	十九	西史村	荥阳西北	10	1
	十九	高村	荥阳正北	30	1
	十九	汜水	汜水车站	2	1
	二十	金寨	荥阳西北	10	1
	二十	观沟	南峡窝西	2	1
	廿一	马寨	崔庙东	5	1
	廿二	刘村	上街西北	7	1
	廿三	南峡窝	上街南	5	1
	廿五	克里脑	崔庙北	10	1
	廿五	蔡村寺	高村西北	10	1
	廿五	罗寨	荥阳东郑上路	5	1
	廿六	石板沟	荥阳西南	25	1
	廿八	茹固	广武西	5	1

续表

	廿九	木沟	高山西北	10	1
	廿九	贾峪	荥阳东南	30	1
	廿九	高东	荥阳北	20	1
	廿九	赵村	汜水	30	1
	廿九	米河	米河		1
二月	初一	西张寨	铺西南	5	1
	初一	马砦	须水正南	5	1
	初一	方金砦	荥阳北	10	1
	初二	王寨	铺南	10	1
	初二	木寨	高村南	10	1
	初二	龙王庙	崔庙西南	10	1
	初二	后白杨	王村西南	5	1
	初二	车庄	广武西北	5	1
	初二	康砦	荥阳东	5	1
	初二	木楼	王村东北	5	1
	初二	草店	上街正南	10	1
	初五	司河	贾峪东北	5	1
	初五	王泉	崔庙南	10	1
	初五	平台	崔庙东南	10	1
	初五	孙寨	广武西南	10	1
	初六	徐寨	东铺北	5	1
	初六	三仙庙	崔庙北		
	初六	三官庙	广武南	10	1
	初六	北周村	荥阳西南	15	1
	初六	屈村	荥阳西南	30	1
	初六	龙王庙	汜水东南	5	1
	初八	兴国寺	铺东南	10	1
	初八	高村寺	高村东	5	1
	初九	竹川	峡窝西南	5	1
	初九	楚堂	乔楼东南	10	1
	初九	高村	荥阳北	30	1
	初九	雷垛	荥阳西南	13	1
	初十	焦寨	铺北	15	1
	十一	陈寨	荥阳南	10	1
	十一	王楼	广武西南	5	1
	十二	京襄城	铺南	15	1
	十二	石硼	贾峪西北	15	1
	十二	草庙	崔庙	5	1
	十二	郭堂	荥阳北	5	1
	十二	马站沟	刘河西北	10	1
	十三	龙泉寺	铺北	10	1
	十三	桑园	上街北	5	1

续表

	十四	乔沟	荥阳南	10	1
	十四	小王村	荥阳西南	10	1
	十五	十里铺	荥阳东	10	1
	十五	范河	广武东北	10	1
	十五	丁凹	广武西南	10	1
	十五	后殿	王村西	5	1
	十六	南董	广武东南	10	1
	十六	南城李	廿铺北	5	1
	十七	任河	广武北	5	1
	十七	白寨	广武西南	5	1
	十八	郊段	上街南	5	1
	十九	前姚岗	廿铺东南	5	1
	十九	汪洞	贾峪南	5	1
	十九	高袁寨	荥阳正北	10	1
	十九	随窑	荥阳正南	20	1
	十九	刘庄	王村东南	10	1
	二十	王沟	广武北	5	1
	廿一	阎村	广武西南	5	1
	廿	张常村	荥阳西北	25	1
	廿一	瓦窑坡	荥阳西南	15	1
	廿二	双庄	荥阳西南	15	1
	廿三	南城	广武南	5	1
	廿四	廿铺	荥阳东	20	1
	廿五	楚村	贾峪北	5	1
	廿五	徐老庄	崔庙西南	10	1
	廿五	东史村	荥阳西北	10	1
	廿五	陈庄	东卅铺北	5	1
	廿六	赵村	高村北	5	1
	廿六	武庄	上街火车站北	2	1
	廿八	张村庙	乔楼南	10	1
	廿八	前真村	高村南	10	1
	廿九	罗垛	廿铺北	5	1
	廿九	高村	荥阳北	30	1
	廿九	寥峪	高山镇西南	10	1
	廿九	杨垛	荥阳西南小	8	1
三月	初一	石佛堂	乔楼西南	10	1
	初一	韩村	汜水东	10	1
	初一	阴赵寨	荥阳西北	5	1
	初二	广武	荥阳东北	30	1
	初二	赵年洞	贾峪北	10	1
	初二	黑张	荥阳东北	10	1
	初三	宫寨	荥阳北	10	1

续表

	初三	陈垛	广武东北	10	1
	初三	茶阎	广武东南	15	1
	初三	贾峪	荥阳东南	28	1
	初三	汜水	汜水车站	2	1
	初三	南张寨	廿铺东南	5	1
	初四	柿园	荥阳北	10	1
	初五	王顶	广武东北	15	1
	初五	苜蓿凹	廿铺东南	5	1
	初六	西廿铺	上街东	5	1
	初六	冯寨	廿铺西北	10	1
	初九	董庄	广武东	10	1
	初九	高河	贾峪西	10	1
	初九	左照沟	上街南	5	1
	初九	高村	荥阳正北	30	1
	初十	邢赵	贾峪北	5	1
	初十	核桃园	荥阳南	5	1
	初十	槐西	廿铺南	10	1
	十一	前白杨	王村西南	5	1
	十一	纸坊	乔楼西南	5	1
	十二	龙王庙	庙子东	5	1
	十二	小留村	廿铺北	10	1
	十二	夏侯	上街东	5	1
	十二	庙子	刘河西南	10	1
	十二	大庙	荥阳西南	15	1
	十三	官庄	高村西南	10	1
	十三	老君堂	汜水西	5	1
	十五	南峡窝	上街南	5	1
	十五	贺寨	廿铺北	5	1
	十五	黑风庙	崔庙北	5	1
	十五	梁寨	廿铺东南	15	1
	十五	木沟	汜水西南	5	1
	十五	石板沟	贾峪西南	10	1
	十五	庄李	广武东南	10	1
	十五	陈沟	广武西北	5	1
	十六	大王村	荥阳西	8	1
	十六	西苏楼	广武东南	10	1
	十六	南祖始	崔庙西南	5	1
	十六	段坊	荥阳西北	25	1
	十六	年徐	廿铺南	70	1
	十七	贾沟	崔庙东南	15	1
	十七	北楚楼	荥阳西北	10	1
	十八	沈洼	乔楼东北	5	1

续表

	十八	岵山	贾峪西北	10	1
	十八	西大村	荥阳西北	15	1
	十八	飞龙顶	高村北	10	1
	十八	五云山	峡窝南林子	10	1
	十九	佛古洞	荥阳西南	5	1
	十九	竹川	峡窝西南	5	1
	十九	木楼	王村东北	5	1
	二十	大庙	广武西南	15	1
	二十	段铺头	高村西北	10	1
	二十	廿铺	荥阳东	20	1
	廿一	韩村	乔楼西南	5	1
	廿一	吴村	荥阳西北	15	1
	廿二	板櫈刘	乔楼南	2	1
	廿二	尚炉	荥阳东	2	1
	廿二	楼里	贾峪西北	5	1
	廿二	王沟	刘河正东	5	1
	廿二	田砦	荥阳火车站东	5	1
	廿三	西白社	汜水西	5	1
	廿四	马金岭	廿铺东北	10	1
	廿五	柏庙	荥阳西南	20	1
	廿五	金寨	荥阳西北	15	1
	廿五	小胡村	广武东北	10	1
	廿五	崔庙	荥阳西南	30	1
	廿五	毛寨	廿铺东北	10	1
	廿五	魏寨	荥阳东北	15	1
	廿五	五里堡	汜水西	5	1
	廿六	小寨	荥阳西南	34	1
	廿七	翟寨	廿铺西	5	1
	廿七	蒋头	王村东南	10	1
	廿八	铁顶	崔庙东南	10	1
	廿八	王村	荥阳西北	30	1
	廿九	高村	荥阳正北	30	1
	廿九	狼窝刘	廿铺西北	5	1
四月	初一	胡寨	崔庙北	5	1
	初一	西马固	上街南	5	1
	初一	槐林	廿铺南	15	1
	初二	李克寨	荥阳西南	5	1
	初二	七里村	乔楼东北	5	1
	初二	广武	荥阳市区东北	30	1
	初三	石咀	上街西南	5	1
	初三	南张砦	东廿铺南	5	1

续表

	初三	虎里庄	乔楼西	6	1
	初四	东廿铺	荥阳正东	20	1
	初四	谷庄	贾峪东北	20	1
	初四	刘河	荥阳西南	30	1
	初四	庙子	刘河西南	10	1
	初四	吉家寨	荥阳东北	5	1
	初四	坊庄	王村东	5	1
	初四	罗村	高村南	5	1
	初五	寨园	乔楼东南	5	1
	初五	王宗店	崔庙西南	10	1
	初五	西史村	荥阳西北	10	1
	初五	后王	广武南	5	1
	初六	倪店	高村东南	10	1
	初六	段坊	王村东	5	1
	初七	聂楼	乔楼南	10	1
	初八	关帝庙	廿铺东北	15	1
	初八	老上街	上街区西北	5	1
	初八	西司马	高村西南	10	1
	初八	贾峪	乔楼东南	20	1
	初九	高村	荥阳正北	30	1
	初九	大师古	廿铺东北	20	1
	初十	东郭	乔楼南	15	1
	初十	丁楼	广武西南	15	1
	十一	竹川	峡窝西南	5	1
	十一	河王	荥阳东北	15	1
	十二	金寨	荥阳西北	15	1
	十二	汜水	汜水车站	2	1
	十三	石庄	刘河北	5	1
	十五	宋沟	高村西北	10	1
	十五	后王	广武南	10	1
	十七	苏寨	荥阳西北	15	1
	十九	高村	荥阳正北	30	1
	二十	龙泉寺	廿铺北	10	1
	二十	段坊	荥阳西北	20	1
	廿三	河王	荥阳东北	13	1
	廿四	木楼	王村东	5	1
	廿五	后王	广武南	10	1
	廿九	高村	荥阳正北	30	1
五月	初一	石柱岗	廿铺东南	10	1
	初一	沙固	上街西南	5	1
	十三	罗圈寨	乔楼南	5	1
	十五	铁匠寨	乔楼东南	15	1

续表

	十七	庙沟	广武东北	10	1
	廿三	丁庄	须水正北	5	1
	廿五	东苏楼	广武东南	10	1
	廿七	翟寨	乔楼东	5	1
	廿八	汜水	汜水车站	2	1
	廿九	高村	荥阳正北	30	1
六月	初一	小留村	廿铺西北	10	1
	初五	双槐树	广武东	10	1
	初五	杜堂村	高村西	10	1
	初六	后王	广武南	10	1
	初六	苏寨	荥阳东北	10	1
	初九	高村	荥阳正北	30	1
	初十	瓦屋孙	廿铺东南	10	1
	十一	后白杨	王村西	5	1
	十二	王寨	乔楼东南	10	1
	十二	木楼	王村东	5	1
	十三	汜水	汜水车站	2	1
	十三	董村	广武东南	5	1
	十三	大胡村	广武东北	5	1
	十五	高寨	廿铺东南	15	1
	十五	北峡窝	上街南	5	1
	十五	大张村	高村南	10	1
	十五	黑李	广武南	20	1
	十七	后蒋	荥阳东北	15	1
	十八	西马固	上街西南	15	1
	十八	槐西	廿铺西南	5	1
	十九	高村	荥阳正北	30	1
	廿二	廿铺	荥阳东	10	1
	廿三	冯寨	廿铺北	10	1
	廿三	西司马	高村西南	10	1
	廿三	宫寨	荥阳西北	15	1
	廿三	龙泉寺	廿铺北	10	1
	廿三	狼窝刘	廿铺西北	5	1
	廿三	高山	峡窝西南	10	1
	廿三	刘沟	北邙北小	5	1
	廿五	竹川	峡窝西南	5	1
	廿六	老上街	上街区西北	5	1
	廿七	崔庙	荥阳南	26	1
	廿八	军张	广武西南	15	1
	廿八	柏朵	荥阳西北	20	1
	廿九	尚楼	荥阳东小	10	1
	廿九	高村	荥阳正北	30	1

续表

七月	初一	侯家沟	贾峪西	10	1
	初一	石咀	上街西南	10	1
	初二	油坊庄	乔楼东南	15	1
	初四	狼洞沟	上街西南	6	1
	初六	后蒋	廿铺东北	1	1
	初七	汉张河	乔楼西小	5	1
	初七	庙子	荥阳西南	40	1
	初七	汜水	汜水车站	2	1
	初九	高村	荥阳正北	30	1
	初十	回沟	荥阳南	5	1
	初十	茹寨	荥阳东	10	1
	十一	北周村	荥阳西南	15	1
	十一	真村	高村西南	10	1
	十二	金寨	荥阳西北	10	1
	十三	鹿村	贾峪东	5	1
	十三	木楼	王村东	5	1
	十四	刘河	荥阳西南	30	1
	十四	草庙	上街北	5	1
	十五	石洞沟	竹川西南	5	1
	十五	荣郑寨	高村南	10	1
	十五	段坊	王村东南	10	1
	十五	圈里	贾峪西南	10	1
	十七	苏寨	荥阳西北	10	1
	十七	小寨沟	乔楼南	5	1
	十八	油坊	高村西北	5	1
	十八	北峡窝	上街南	5	1
	十九	罗圈寨	荥阳西南	20	1
	十九	范河	广武东北	10	1
	十九	关帝庙	廿铺东北	15	1
	十九	高村	荥阳正北	30	1
	二十	竹川	峡窝西南	5	1
	二十	陈铺头	高村西	5	1
	廿一	安庄	荥阳西北	10	1
	廿一	王庄	廿铺北	5	1
	廿二	韩常村	高村西	5	1
	廿二	京襄城	廿铺南	15	1
	廿三	后王	广武南	10	1
	廿三	后白杨	王村西	5	1
	廿四	廿铺	荥阳东	20	1
	廿五	穆寨	高村东南	10	1
	廿六	牛口峪	北邙西北	8	1
	廿七	白寨	广武西南	10	1

续表

	廿七	贾峪	荥阳东南	30	1
	廿八	辛店	王村东	5	1
	廿九	高村	荥阳正北	30	1
八月	初一	兴国寺	廿铺东南	10	1
	初二	柿园	荥阳东北	15	1
	初四	北峡窝	上街南	5	1
	初六	汜水	汜水车站	2	1
	初八	老上街	上街区西北	5	1
	初九	孙寨	广武西南	20	1
	初九	高村	荥阳正北	30	1
	初十	木楼	王村东	5	1
	十三	竹川	峡窝西南	5	1
	十三	新店	峡窝西南	5	1
	十四	金寨	荥阳西北	5	1
	十五	杜洞	贾峪西北	10	1
	十五	北周村	荥阳西南	15	1
	十八	广武	荥阳东北	30	1
	十九	高村	荥阳正北	30	1
	廿九	高村	荥阳正北	30	1
九月	初一	肖洼	上街北	5	1
	初一	岵山	乔楼南	20	1
	初一	冯砦	廿铺西北	10	1
	初九	木楼	王村东	5	1
	初九	南李沟	乔楼南	5	1
	初九	沙庄	刘河北	5	1
	初九	石庄	荥阳西南	24	1
	初九	东郊段	上街东南	5	1
	初九	高村	荥阳正北	30	1
	初十	前白杨	王村西	10	1
	十二	段坊	王村东	10	1
	十二	圈子	高村正南	10	1
	十二	高砦	乔楼东	2	1
	十三	北周村	荥阳西南	15	1
	十三	寨河	广武西南	15	1
	十三	蒋寨	荥阳东北	20	1
	十四	东史村	荥阳西北	10	1
	十五	真村	荥阳西北	20	1
	十五	翻花泉	贾峪南	10	1
	十六	北峡窝	上街南	5	1
	十七	口子	汜水北	5	1
	十七	牛口峪	北邙北	5	1
	十七	老上街	上街区西北	5	1

续表

	十九	高村	荥阳北	24	1
	十九	朱罗寨	上街北	5	1
	二十	薛村	王村西	5	1
	二十	大史古	廿铺东北	20	1
	二十	柿园	乔楼东南	10	1
	廿一	竹川	峡窝西南	5	1
	廿二	后店	王村西	10	1
	廿三	宫寨	荥阳北	8	1
	廿三	贾峪	荥阳东南	30	1
	廿五	金寨	荥阳西北	10	1
	廿五	董村	广武东	5	1
	廿五	龙门口	崔庙西南	5	1
	廿五	王庄	廿铺北	5	1
	廿六	前新庄	上街北	10	1
	廿七	师村	乔楼南小	5	1
	廿九	杨垌	荥阳西南	5	1
	廿九	高村	荥阳正北	30	1
	三十	完全寨	贾峪东南	5	1
十月	初一	汜水	汜水车站	2	1
	初二	楚寨	廿铺东南	10	1
	初二	王庄	荥阳西北	5	1
	初二	广武	荥阳东北	30	1
	初四	前荒	荥阳西北	20	1
	初五	老庄	崔庙西南	10	1
	初五	百操岗	贾峪东北	5	1
	初五	水泉	广武西北	10	1
	初五	高山	峡窝西南	10	1
	初六	丁楼	广武西南	15	1
	初六	南周村	荥阳西南	20	1
	初八	西圈子	高村西南	15	1
	初九	后黄	荥阳西北	20	1
	初九	高村	荥阳正北	30	1
	初十	鹿村	贾峪正东	5	1
	初十	茹寨	廿铺北	10	1
	初十	石涧沟	高山西南	10	1
	初十	前丁村	高村西	8	1
	初十	南李沟	乔楼南	5	1
	十二	小村	上街北	5	1
	十三	侯村	高村西	5	1
	十三	鲁咀	贾峪北	10	1
	十三	龙王庙	庙子东	10	1
	十三	后王	广武南	10	1

续表

	十三	付河	荥阳南	10	1
	十五	凹子	王村东南	10	1
	十五	袁垛	广武南	10	1
	十五	丁店	乔楼南	10	1
	十五	北周村	荥阳西南	15	1
	十六	韩村	汜水东北	5	1
	十六	大阴沟	崔庙东南	10	1
	十七	窝里	崔庙东南	10	1
	十八	雷岗	荥阳南	20	1
	十八	王寨	廿铺南	10	1
	十八	周寨	高村东北	5	1
	十八	槐树洼	荥阳正南	15	1
	十九	竹川	荥阳东	20	1
	十九	高村	荥阳正北	30	1
	二十	张片庄	廿铺东北	10	1
	二十	分水岭	刘河东北	5	1
	二十	张村庙	乔楼南	10	1
	廿一	后新庄	上街北	5	1
	廿二	贺寨	廿铺北	20	1
	廿三	狼窝刘	廿铺西北	5	1
	廿三	新寨	崔庙东南	10	1
	廿三	王村	荥阳西北	30	1
	廿五	老上街	上街区西北	5	1
	廿五	双楼郭	贾峪东北	20	1
	廿八	西司马	荥阳西北	10	1
	廿八	辛岗	乔楼南	10	1
	廿八	张五砦	东廿铺北	5	1
	廿八	石板沟	荥阳西南	25	1
	廿九	高村	荥阳正北	30	1
十一月	初一	茶庵	崔庙西南	6	1
	初二	广武	荥阳东北	2	1
	初三	卅铺	荥阳西	10	1
	初三	前罗村	王村东	6	1
	初六	东司马	高村西南	10	1
	初九	高村	荥阳正北	30	1
	初十	陈铺头	北邙西	10	1
	初十	薛沟	刘河北	5	1
	十二	廿铺	荥阳东	20	1
	十三	王宗店	崔庙南	10	1
	十五	肖洼	上街北	5	1
	十五	姚岗	廿铺东	5	1
	十六	张楼	荥阳西北	10	1

续表

	十六	张常村	高村西北	10	1
	十八	东大村	荥阳西北	15	1
	十八	广武	荥阳东北	30	1
	十八	槐树洼	荥阳南	15	1
	十九	罗圈寨	乔楼南	5	1
	十九	高村	荥阳正北	30	1
	二十	油坊	高村西北	5	1
	二十	韩村	乔楼西南	15	1
	廿一	孙寨	荥阳北	15	1
	廿一	竹川	峡窝西南	5	1
	廿二	水磨河	乔楼南	5	1
	廿二	木楼	王村	5	1
	廿三	马寨	高村西	5	1
	廿四	段坊	王村东	5	1
	廿五	西郊段	上街南	5	1
	廿五	毛砦	东廿铺北	5	1
	廿六	金寨	荥阳西北	10	1
	廿七	翟寨	乔楼东北	5	1
	廿八	杨洞	荥阳西南	7	1
	廿九	高村	荥阳正北	30	1
十二月	初一	桃李	荥阳西南	15	1
	初一	段铺头	高村西北	5	1
	初二	黑张	廿铺西北	10	1
	初三	蔡寨	荥阳西南	10	1
	初五	宋沟	北邙西	6	1
	初六	五龙寨	荥阳西南	8	1
	初七	大张村	高村东南	10	1
	初八	瓦屋孙	廿铺东南	10	1
	初八	二郎庙	庙子西南	5	1
	初八	高山	荥阳西	40	1
	初八	丁店	乔楼南	10	1
	初八	西冯	荥阳东	6	1
	初九	高村	荥阳正北	30	1
	初十	木沟	汜水西	5	1
	初十	后丁村	王村东北	5	1
	初十	东郭	乔楼南	5	1
	十二	左照沟	上街南	5	1
	十二	贾峪	荥阳东南	30	1
	十二	汜水	汜水车站	2	1
	十二	汪沟	荥阳东北	10	1
	十三	后真村	高村西南	10	1
	十四	丁楼	广武西南	10	1

续表

	十五	赵家垌	乔楼东南	15	1
	十五	竹川	峡窝西南	5	1
	十五	后王	广武南	8	1
	十五	西大村	荥阳西北	15	1
	十七	冯寨	廿铺西北	10	1
	十八	石柱岗	廿铺东北	10	1
	十八	西马固	上街西南	5	1
	十八	刘河	荥阳西南	30	1
	十八	二郎庙	庙子西南	5	1
	十八	小张村	高村南	10	
	十九	高村	荥阳北	30	1
	十九	罗圈寨	乔楼南	5	1
	十九	后白杨	王村西北	5	1
	二十	槐西	廿铺南	10	1
	二十	金寨	荥阳西北	10	1
	廿三	晏曲	廿铺北	15	1
	廿三	寨园	廿铺西南	5	1
	廿三	东白社	上街西北	15	1
	廿四	石洞沟	高山西南	10	1
	廿四	木楼	王村东	5	1
	廿五	后新庄	上街北	15	1
	廿五	竹川	峡窝西南	5	1
	廿九	高村	荥阳正北	30	1
节气、节日会					
	小满		金寨	东廿铺	
	清明		庙沟	王村	
	立夏		立夏	丁觉寺	
	五一		石柱岗	沙固	
	小满会		汜水	高村崔庙	刘河
	立秋		王村		
	五一霸王城会				
每月固定时间会					
	兴华市场	逢星期天会			
	崔庙	每月逢10号（阳历）会			
	王村	每月逢10号（阳历）会			
	城关	每月逢10号（阳历）会			
	金山市场	逢二、八（阴历）集会			
	荥阳老城	逢十、二十、叁拾（阴历）会			
	高村	逢九、十九、二十九（阴历）会			
	广武	逢二、八（阴历）会			

中牟县庙会会谱

月	日	辖区（乡）	会址		天数
正月	初四	三官庙乡	野王		1
	十三	三官庙乡	桓家		1
	十六	黄店乡	双塔岗		1
	十六	白沙镇	南寺		1
	十六	谢庄乡	小关庄		1
	廿三	大孟乡	茶庵		1
	廿五	黄店乡	鬼李坟（祥付营）		1
	廿八	万滩乡	董岗		1
	廿八	黄店乡	黄店		1
	廿九	八岗乡	树头村		1
二月	初二	大孟乡	寺前里		1
	初二	八岗乡	八岗		1
	初二	城关乡	城关		1
	初二	刁家乡	龙王庙		1
	初二	大孟乡	彦岗		1
	初五	八岗乡	庙后		1
	初五	刘集乡	岗赵		1
	初六	大孟乡	大庙李		1
	初八	三官庙乡	校店		1
	初九	黄店乡	黑里		1
	初九	刘集乡	朱庄		1
	初九	郑庵镇	大庄		1
	初十	姚家乡	岗王		1
	十二	八岗乡	呼沱张		1
	十二	刘集乡	杜庄		1
	十二	张庄镇	大老营		1
	十二	万滩乡	孙庄		1
	十三	万滩乡	台肖		1
	十五	三官庙乡	张马		1
	十五	姚家乡	姚家		1
	十五	谢庄乡	谢庄		1
	十九	郑庵镇	贾堂		1
	十九	刁家乡	水沱寨		1
	廿二	郑庵镇	韩河		1
	二十六	张庄镇	张庄		1
	二十八	张庄镇	庙后张		1
	二十九	刘集乡	岗吴		1

续表

三月	初一	刘集乡	前梁		1
	初三	张庄镇	张庄		1
	初三	尉氏	丁香李		1
	初三	万滩乡	娄庄		1
	初三	白沙镇	白沙		1
	初六	白沙镇	贺庄		1
	初六	张庄镇	前霍		1
	初六	刘集乡	赵寨		1
	初八	郑庵镇	郝庄		1
	初九	白沙镇	朱庄		1
	初十	三官庙乡	前段		1
	初十	刁家乡	西陶		1
	十二	郑庵镇	砚台寺		1
	十二	万滩乡	十里店		1
	十三	黄店乡	罗家		1
	十五	张庄镇	河刘		1
	十五	刘集乡	朱三庄		1
	十八	万滩乡	杨桥		1
	十八	姚家乡	土山店		1
	十九	韩寺乡	韩寺		1
	二十	谢庄乡	席庄		1
	廿一	刘集乡	杜庄		1
	廿三	万滩乡	孙庄		1
	廿四	刘集乡	鲁庙		1
	廿六	张庄镇	张庄		1
	廿八	亚大庙	即秋底寺		1
	廿八	谢庄乡	大关庄		1
	廿八	白沙镇	大雍庄		1
		城关镇	城关		1
四月	初一	张庄镇	翟庄		1
	初一	黄店乡	黄店		1
	初一	万滩乡	永定庄		1
	初四	刘集乡	贺岗		1
	初四	刁家乡	孤儿岗		1
	初四	三官庙乡	清凉寺		1
	初四	谢庄乡	祥云寺		1
	初四	谢庄乡	崔庄		1
	初五	尉氏	一条蛇		1
	初八	张庄镇	凌庄		1
	初八	郑庵镇	小庄		1
	初八	万滩乡	坡岗李		1

续表

	初八	刘集乡	崔庄		1
	初八	白沙镇	岗李		1
	初八	刘集乡	河东李		1
	初八	东漳乡	辛寨		1
	十一	芦医庙乡	芦医庙		1
	十二	黄店乡	候庄		1
	十二	刘集乡	鲁庙		1
	十五	三官庙乡	丁庄		1
	十五	谢庄乡	大关庄		1
	十八	白沙镇	白沙		1
	十八	黄店乡	绰王		1
五月	初五	黄店乡	黄店		1
	十三	黄店乡	石家		1
	十三	刘集乡	常白		1
	十三	城关镇	县城		1
	十三	白沙镇	十里铺		1
六月	初二	八岗乡	八岗		1
	初四	八岗乡	呼沱张		1
	初六	万滩乡	杨桥		1
	初六	白沙镇	白沙		1
	初六	郑庵镇	毕虎		1
	初六	大孟乡	茶庵		1
	初六	八岗乡	庙后		1
	初八	张庄镇	宋庄		1
	初十	郑庵镇	后路俭		1
	初十	姚家乡	梁家		1
	十二	黄店乡	黄店		1
	十三	张庄镇	生金李		1
	十四	八岗乡	蔡庄坡		1
	十六	张庄镇	张庄		1
	十九	白沙镇	刘申庄		1
	十九	大孟乡	岩王店		1
	十九	白沙镇	岗李		1
七月	十四	白沙镇	张湖桥		1
	十五	白沙镇	李湖桥		1
	廿二	白沙镇	白沙		1
		谢庄乡	谢庄		1
	廿三	大孟乡	茶庵		1
八月	十五	刘集乡	岗赵		1
九月	初九	冯堂乡	上墙		1
	初九	刁家乡	水寨		1

续表

	初九	三官庙乡	坡董		1
	初九	谢庄乡	大关庄		1
	初九	万滩乡	杨桥		1
	初九	邵岗乡	官渡桥		1
	初九	东滩乡	东漳		1
	初九	八岗乡	大神庙		1
	十三	刘集乡	大吴		1
十月	初一	刘集乡	刘集		1
	初一	大孟乡	大庙李		1
	初十	冯堂乡	宋家		1
	初十	万滩乡	三刘		1
	初十	刁家乡	孤儿岗		1
	初十	万滩乡	三刘寨		1
节气令					
清明		三官庙乡	三官庙（湛庄）		
		谢庄乡	祥符卢		
		大孟乡	茶庵		
清明		刘集乡	台肖		
		白沙镇	冉韩庄		
		黄店乡	段村		
		狼城岗镇	瓦坡		
		大孟乡	草场		
		大孟乡	大孟		
固定集日					
集日：	一、四、七				
		三官庙	土山店	姚家乡	
		大孟	刘集	芦医庙	
		付李庄	店李口		
	二、五、八				
		城关镇	狼城岗	刁家	
		八岗乡	冯堂		
	三、六、九				
		郑庵	黄店　白沙镇　韩寺	东漳	
	逢五逢十会				
		万滩			
	三、六、十				
		张庄镇			

后记

今天下雪了，它是郑州市，不，中原地区今年以来的第一场雪。这场瑞雪一下，便拉开了甲午年丰年的大幕。

经过16年的辛勤劳动和积累，《中华传统文化的活化石：中原庙会》一书今天终于完稿了。

当我用口哈着热气暖着冰凉的手提笔写这段后记时，不由思绪万千，感慨万分。

严格地说，我不是什么专业的民俗研究工作者，更不是社科专家，要说完成这部书并非工作所系，也并非专业所在。更多的是份感情，是份责任。

我出生在新密市超化镇超化村一个贫穷农民的家里。我的幼年是在饥饿和病痛中度过的。为了充饥，我吃过榆树皮面、吃过观音土、吃过用机械专用的机油炸过的所谓“油馍”、吃过水草、挖过收获了白菜后大田里的白菜根回家煮煮吃止饿……病魔缠身，没钱看病就死扛硬熬，整天拖着病体度日，曾两次被误以为断气，被母亲一次用篮子掘，一次用苇席裹，扔到我村有名的死孩儿洞后奇迹生还。

我的少年是在屈辱和困苦中度过的，由于父亲在家里私养了六只羊，我家被打成了“资本主义家庭”，我也被戴上了“资本主义爪牙”的桂冠。拖着病体的我上学本来就断断续续，高小毕业时虽然考了全校第一名，但终因没通过贫下中农代表推荐之一关，而被阻于初中大门之外。我11岁即回家挑起了男劳动力的重担，一天三晌跟着成年男劳力“拼杀”。因为力气小，不能推粪、挑粪，就用篮子掘；年纪稍长后，就开始用独轮车推粪，为了省力，就把粪筐放在车子最前边，但又常因失控而痛遭翻车之苦；在生产队的磨坊里做过万能磨、碾米机操作工，人送外号“小磨官儿”；挨家串户在各家的猪圈为生产队推土积过肥（当时各家猪圈由各自养猪归已，生产队统一派积肥小组到各家猪圈推土垫粪积肥，肥料归生产队所有）、喂过生产队的猪（当时生产队也专门建有猪场，派专职饲养员为集体养猪搞副业挣钱），人送外号“小猪娃儿”；只身一人在深秋寒夜背条破被子，到远离村庄四五里的荒河滩看稻子，多次遭遇野狼和马头（豫西地区一种脑袋像马头，体大如牛犊的野兽）在草棚外的嚎叫式“光顾”；受父亲私自养羊的影响，在被迫接受改造时，到村里的学校当过义务工，每天凌晨5点钟即把能盛十八桶水的大锅拔满水烧开，把能容十六桶水的所谓自来水水池拔满水供师生随意放用，多次在土厕所（前边是分大小便便道的简易房，房后地下是混容大小便的水泥池子）的茅池挖粪时，遭到学生通过大便通道的谩骂与羞辱和用棍子往身上擢大便的攻击……后来村里办起两年制初中班，才又有幸于中途入校上了一年半初中，高中之门虽然成绩名列前茅但也因没通过贫下中农代表推荐关，而从此告别校门。

我的青年和壮年是在奋进中度过的。在父亲还在“一打三反”学习班挨斗时，17岁的我因业余为大队团支部办大队团支部的蜡纸手工刻印小报《青春火花》出色，受到团县委、团地委、团省委、团中央的点名表扬，而意外地到大队当上了团支部书记，之后又兼任过大队统计、治保主任、公社团委委员。后来又被乡政府选中，到乡文化站当了几年文化站站长兼乡通讯专干。

1985年在乡文化站转干后即调县文化局戏研室从事专业编剧工作。4年后又调入县委党史办工作，从此步入政坛直至今天。历任密县县委党史办秘书、副主任，新密市委宣传部副部长，常务副部长兼新密日报社社长、总编、新密市文联书记、主

席，郑州市盐业管理局党委书记。

在我的人生计划中，从没打算过做什么官，当什么家，从小在苦难中倔强成长起来的我，总想以坚定的志向和顽强的毅力做一个有价值的人。无缘在高等学校、学府求学，就坚持自学，小时候即靠劳动之余捡破烂卖钱买书、不定月的破月订报学习。之后，又通过自考、在职学习，先后取得了大专、本科、研究生学历。我总觉得自己好像是棵在石头缝中顽强拱出的小草，一路曲曲折折走到今天。

成人后，我即给自己制定了座右铭：永远不能对不起世上任何一个人，永远要与自己过不去！坎坎坷坷、风风雨雨几十年过去了，要说目前本人在社会上有一定影响和美誉，有些许成绩的话，也都得益于这两句话。

我的人生目标并不高远，仅仅想做一个平凡的人，对社会有贡献的人，倾其努力尽可能创造更多成绩的人，一个用毕生心血和汗水换取有价值、有意义人生的人，一个无愧于祖国、无愧于民族、无愧于社会、无愧于职责、无愧于他人、无愧于良心的善良人、好人。

虽然我目前集剧作家、摄影家、理论家、诗人、新闻学者于一身，方方面面都有不少成果问世，但行行都不精，项项都不优，与各领域的专家、名家相比，都相差甚远。

这部《中华传统文化的活化石：中原庙会》一书的问世，自然与一些从事专业研究的专家、大家的成果难以相提并论。更多的是以独特的文图并重的形式，具体地从多角度对中原庙会用个人的视角和观点进行归纳剖析，其中不足、不当之处自然难免。

当这部书完稿之时，仍然觉得走的地方还不够广，收集的素材还不够全面，研究的程度还不够深，对庙会，尤其是对中原地区庙会的感悟层次还不够高。16年，整整16年过去了，这部书也算是对我16年奔波、16年探索、16年研究的阶段性总结吧。

这部书的出版发行，并不意味着我对于这一课题研究的结束，这条路我还将走下去，一直走下去。但愿在我的有生之年，在对中原地区庙会研究上能有更多的发现和感悟，能更上一层楼。

这部书的出版发行，得到了中国文联党组成员、副主席（原中国摄影家协会副主席、秘书长）李前光，世界知识出版社主任薛乾，河南省摄影家协会主席于德水，河南省摄影家协会副主席、秘书长刘鲁豫，二七区委宣传部副部长张富国、河南省金鼎美术设计制作有限公司总经理吴晓春、设计师王果林，钰铭文化传播有限公司经理陈庆功，郑州市盐业管理局局长张子建，郑州市盐业管理局政工处处长张建伟、副处长牛改萍、工作人员姚若玉、刘薇，郑州市盐业管理局仓储部副主任赵贯乐、办公室干事杨跃利，新境界图片社经理卢亚琼、新密市委宣传部干事陈会刚，原新密日报社干事冯银治，原荥阳市盐业局局长王英剑及现任中牟县盐业局局长张延舟、登封市盐业局局长张德峰、巩义市盐业局局长张鹏飞，新郑市盐业局局长孙彩霞、书记李林祥，荥阳市盐业局局长徐玛丽、新密市盐业局局长张春旺等领导、专家和同志的鼎力支持与帮助，这里一并致以深深的谢意！

2014年2月3日凌晨6点30分